www.tredition.de

AF177018

Marion Höft

Hunde wollen nicht erzogen werden

Auf die innere Haltung kommt es an

www.tredition.de

© 2021 Marion Höft

Deutsche Erstausgabe April 2021

www.problem-mensch-hund.de

Verlag und Druck:

tredition GmbH, Halenreie 40-44, 22359 Hamburg

ISBN

Paperback: 978-3-347-27081-7

Hardcover: 978-3-347-27082-4

e-Book: 978-3-347-27083-

„Warum vergeuden wir so viel wert-

volle Zeit, um ein Lebewesen erziehen

zu wollen, das nicht

erzogen werden will?"

Marion Höft

Marion Höft

Hunde wollen nicht

erzogen werden

Auf die innere Haltung kommt es an

Inhalt

Zu diesem Buch:

Dieses Buch ist weder ein Erziehungsratgeber, noch werden Sie darin Trainingsmethoden für Hunde finden.

Dieses Buch soll zum Nach- und vielleicht auch zum Umdenken anregen. Es soll motivieren, geplagten „Hundemenschen" eine andere Sichtweise auf ihre Hunde aufzuzeigen. Wenn wir ehrlich sind, ist es nicht der Hund der Probleme macht oder uns ärgern will. Häufig liegt die Ursache der Probleme zwischen Mensch und Hund ganz woanders. Vielleicht liegt die wahre Ursache der sich mehrenden Problemen in der Beziehung von Mensch und Hund bei uns Menschen, weil wir verlernt haben, unsere Hunde als Hunde zu sehen. Anstatt uns auf unsere Hunde einzulassen und ihr, für uns störendes oder gar problematisches Verhalten, als Hilferuf zu sehen, beginnen wir, die Hunde zu trainieren oder auszubilden. Führung bekommen sie aber keine. Sie bleiben orientierungslos, weil niemand ihnen zeigt, wie sich in unserer Welt richtig verhalten.

Auf dem Weg zu einem entspannten Miteinander reichen Hunde uns häufig ihre helfende Pfote. Dieses Buch soll Menschen dabei unterstützen, diese Pfote anzunehmen, um einen neuen Weg einzuschlagen zu können. Sehen Sie in Ihrem Hund einen Lehrmeister und tauchen Sie ein in seine Welt.

Autorin:

Marion Höft, Jahrgang 1965, lebt seit ihrer frühesten Jugend mit Hunden. Sie hat deren Verhalten noch in ihrer Natürlichkeit erlebt, als es noch keine Hundeschulen oder Hundetrainer:innen gab und auch nicht geben musste. Für Marion Höft sind Hunde nicht nur Haustiere. Für sie sind Hunde Begleiter aber auch Lehrmeister, die ihren Menschen zeigen, dass weniger so viel mehr sein kann. Heute arbeitet Marion Höft als Hundetrainerin und zert. Problemhundtherapeutin. Auf Auslandsreisen und während ihrer Unterstützung von Tierschutzvereinen beobachtet sie regelmäßig Straßenhunde, deren Verhalten und Kommunikation noch ohne menschlichen Einfluss und daher natürlich ist. Doch ihre eigentliche Arbeit ist die mit den Menschen. Sie führt die Menschen wieder zu ihren Hunden und begleitet sie auf ihrem Weg, ihren Hunden die Persönlichkeit zu werden, die Hunde wirklich brauchen. Aus ihrer langjährigen Erfahrung heraus weiß Marion Höft, dass Hundetraining ohne Menschentraining niemals zu einem dauerhaften Erfolg führen wird.

Besonders ihre Hündin Elli war Marion Höft auf diesem Weg eine treue Begleiterin, manchmal Assistentin aber immer die beste Lehrmeisterin, um zu erkennen, wie wenig es manchmal braucht, um den Hunden in unserer Welt eine große Stütze sein zu können.

Liebe Leserinnen und Leser,

Auch in diesem Buch habe ich einige Beispiele aufgeführt, die auf real existierende Menschen und ihren Hunden aus meinem beruflichen Alltag beruhen.

Um deren Privatsphäre zu schützen, habe ich die Namen von Menschen und Hunden, die Orte, die Rassen und auch das Geschlecht der Hunde geändert.

Sollten Sie sich dennoch in so mancher Geschichte wiedererkennen, seien Sie unbesorgt. Ihres ist nur ein Beispiel von sehr sehr vielen, die ich tagtäglich in meiner Arbeit erlebe.

Als bekannt wurde, dass ich dieses Buch schreiben werde, wurde ich von vielen Kundinnen und Kunden gefragt, ob sie in diesem Buch vorkommen werden.

Vielleicht freuen Sie sich sogar, dass Sie es geschafft haben, Teil dieses Buches zu werden und so anderen

Betroffenen bei ihren Problemen mit ihrem Hund Mut machen zu können.

Einen Rat möchte ich Ihnen noch an die Hand geben:

Wenn Sie Probleme mit Ihrem Hund haben, zögern Sie bitte nicht, sich professionelle Hilfe zu holen. Die Beispiele in diesem Buch zeigen Lösungswege auf, die auf das jeweilige Mensch-Hund-Team abgestimmt waren. Bei Ihnen und Ihrem Hund können die Ursachen für die Beziehungsprobleme ganz woanders liegen. Manchmal sieht man den Wald vor lauter Bäumen nicht und da kann es sehr hilfreich sein, sich einen außenstehenden Profi zur Unterstützung zu holen.

Eine universelle Bedienungsanleitung, die für alle Hunde und ihre Menschen gleichermaßen gelten kann, gibt es nicht und kann es auch nicht geben. Jeder Mensch und auch jeder Hund, verfügt über individuelle Stärken, Schwächen und auch Kompetenzen.

Diese gilt es zu erkennen, um den Weg zu finden, den Hund und Menschen gemeinsam gehen können.

Seien Sie versichert: Sie haben nicht versagt. Sich Unterstützung zu holen, zeigt von einem großen Verantwortungsbewusstsein.

Widmung

Dieses Buch widme ich meiner Hündin Elli. Für mich war Elli nicht nur eine Hündin, sie war viel mehr. Sie war der ruhende Pol unserer Hundemeute, manchmal die Gouvernante aber auch ab und an diejenige, die für Ordnung gesorgt hat. Dies tat sie auf eine Art und Weise, die mir und auch anderen Hundebesitzern und Hundebesitzerinnen sehr viel gelernt aber auch gelehrt hat.

Ich habe, solange ich denken kann, mit Hunden gelebt, bin mit ihnen aufgewachsen und ich dachte, ich wüsste bereits alles oder zumindest sehr viel über Hunde. Diese Einstellung habe ich schnell revidiert, nachdem Elli bei uns eingezogen ist. Schnell war klar, dass Elli „anders" war. Nach den Angaben, die ich von dem vermittelnden Verein bekommen habe, war Elli Zeit ihres Lebens in einem Tierheim. Eingesperrt in einen Zwinger mit einigen anderen Hunden und ohne jeglichen menschlichen Einfluss. Elli hatte nie Training oder irgendwelche Konditionierungsmodelle kennengelernt und das spürte man sofort.

Elli war noch sehr ursprünglich in ihrem Verhalten und auch in ihrer Kommunikation. Sie „sagte" was sie meinte und meinte was sie „sagte" und das war gut so. Mir und meiner Familie war Elli von Anfang an sehr zugetan und Streicheleinheiten hat sie genossen, am liebsten 24 Stunden am Tag.

Meine anderen drei Hunde aber hat sie in ihre Schranken gewiesen, wenn diese meinten, die Kompetenz dieser wundervollen Hündin ignorieren zu können. Dann stellte sie die Ordnung wieder her, auf ihre Art und Weise: klar, eindeutig und auch kompromisslos, wenn es sein musste.

Bei Elli war mir schnell bewusst, dass ich ihr ihre Souveränität bewahren und sie in ihrer Kompetenz unterstützen muss. Dies war meine Aufgabe in unserer neuen Konstellation: ein Leben mit drei Hunden und einer Elli.

Danke Elli, für alles was du mich gelehrt hast und was ich von dir und durch dich lernen durfte. Leider musste ich dich über die Regenbogenbrücke gehen lassen, doch deine Seele wird immer bei uns sein.

Einleitung

Wenn wir über Hunde hören oder lesen, fallen meist Begriffe wie Training, Konditionierung, Auslastung und nicht zu vergessen die Erziehung.

Durch die dauernde Berieselung, auch in den Medien, verlernt man gerne mal das eigenständige Denken und folgt häufig den falschen Propheten. Diese belegen ihre Erfolge mit eindrucksvollen Bildern oder kurzen Videos und diese Manipulation verfehlt ihre Wirkung nicht. Wer möchte nicht so einen tollen Hund, der aufs Wort hört, brav seine Befehle befolgt und scheinbar alle Menschen und Hunde liebt? Diese Aussicht auf den, von außen vorgegebenen, perfekten Hund, ist in der Tat verlockend und treibt mitunter seltsame Blüten.

In meiner Arbeit erlebe ich immer wieder, wie Mensch und Hund aneinander fast schon verzweifeln. Die Menschen sind genervt und arbeiten sich an einem Hund ab, der einfach nicht der Norm entsprechen will. Anstatt sich der schmerzhaften Frage nach dem „warum" zu stellen, wird die vermeintliche Schuld dem Hund zugeschoben und er bekommt den Stempel „verhaltensauffällig" oder gar aggressiv.

Was bei all diesen Bildern, Videos oder Anleitungen übersehen wird, ist die Einzigartigkeit eines jeden Lebewesens, sei es Mensch oder Hund. Natürlich braucht es im Zusammenleben eine Struktur, an der man sich orientieren kann. Fehlt diese Struktur, ist Chaos vorprogrammiert. Wir erleben es immer wieder und überall. Diese Struktur aber muss auch das Gegenüber berücksichtigen, seine Stärken, seine Schwächen, seine Kompetenzen und natürlich auch seine Eigenarten.

In meinem ersten Buch „Erst wenn der Mensch sich ändert!" habe ich bereits über meinen Werdegang geschrieben. Auch wenn ich bereits von Kindesbeinen an viel von Hunden lernen durfte, bin auch ich durch die Manipulationen von außen kurz von meinem Weg abgekommen und habe einen Umweg beschritten. Dies war für mich aber nicht unbedingt ein Fehler, im Gegenteil. Dadurch wurde für mich noch offensichtlicher, welch eklatant falschen Weg wir in unserem Zusammenleben mit unseren Hunden beschritten haben. Wir wollen die Hunde uns anpassen und übersehen dabei, dass sie keine Menschen sind, dass sie ganz andere Bedürfnisse haben und vor allem, dass sie Hunde sind!

Wir bezeichnen Hunde schnell als problematisch, übersehen dabei jedoch, dass das für uns schwierige Verhalten häufig ein „Hilferuf" des Hundes an seine Menschen ist. Kein Hund knurrt, beißt oder fletscht die Zähne einfach so, es hat immer eine Ursache, die mit einem Aus! Sitz! oder Platz! ignoriert wird.

Nehmen wir einen Hund bei uns auf, zwingen wir ihn in eine Welt, die nicht die seine ist. Es liegt daher in unserer Verantwortung, dem Hund zu zeigen, wie er sich in unserer Welt richtig verhält, ihn in unser „Rudel" zu integrieren und ihm eine Stütze zu sein, wenn der Hund in ihm durchkommt. Auch wenn es schnell als Fehlverhalten eingestuft wird, ist es das nicht. Egal was ein Hund macht, es ist immer natürliches Verhalten – aus seiner Sicht! Dies sollten wir nicht vergessen.

Für die Veröffentlichung meines ersten Buches habe ich keinen Verlag gefunden, weil es, nach Meinung der Verleger:innen, keine Lösungsanleitungen beeinhaltet. Es wäre für mich ein leichtes gewesen, das Buch umzuschreiben, um der herrschenden Meinung zu entsprechen und dadurch die Verkaufszahlen nach oben zu treiben. Ich gebe zu, dass die Verlockung durchaus groß war. War doch auch in mir der Wunsch nach einem Bestseller vorhanden. Doch dafür hätte ich mich verbiegen und entgegen allem handeln müssen, was Hunde mich gelehrt haben: immer ehrlich und authentisch zu sein. Meine Authentizität zu bewahren aber war mir wichtiger, als die Aussicht auf einen Bestseller. Doch was soll ich sagen? Auch wenn der von mir eingeschlagene Weg mühseliger war, hat mir am Ende der Erfolg doch recht gegeben. Das Buch wurde ein Erfolg, vielleicht gerade deshalb, weil es anders war. Weil es nicht der herrschenden Meinung entsprochen hat und viele Menschen in ihrem Inneren bereits erkannt haben, dass irgendetwas nicht mehr stimmt.

Dass die Lösung in diesem Buch bereits in dem Titel zu finden ist, haben die Verleger:innen nicht gesehen. Wenn wir uns nicht ändern, uns nicht auf die Hunde einlassen und ihr Wesen weiterhin unterdrücken, werden die Probleme im Zusammenleben von

Mensch und Hund nicht weniger werden, im Gegenteil.

Von meiner Elli durfte ich viel lernen, sehr viel sogar. Sie hat mir gezeigt, dass es nicht viel braucht, um miteinander klarzukommen. Vor allem aber, dass man sich niemals verbiegen lassen darf, um einem vermeintlichen Glück hinterherzulaufen, welches man niemals erreichen wird, weil es das Glück der anderen ist. Das Glück derjenigen, die aus ganz eigenen Interessen andere in die Irre locken. Niemand kann Ihnen sagen, was Sie für sich wirklich benötigen. Dies finden Sie nur in sich, wenn Sie sich aus der medialen Matrix befreien und wieder auf das hören, was die Natur Ihnen und uns allen mitgegeben hat: unseren Instinkt. Dann werden Sie erkennen, dass es nicht das dicke Auto oder ein noch größeres Haus ist, was Ihnen dauerhafte Lebensfreude bereit. Es sind die vielen kleinen Dinge des Lebens, die unser Herz erfreuen und uns eine innere Zufriedenheit schenken.

Auf diesem Weg zu dem ganz großen Glück und der Zufriedenheit können unsere Hunde uns ein wunderbarer Wegbegleiter und auch Ratgeber sein. Viel braucht es dazu nicht, nur die Bereitschaft, seinen Blickwinkel zu ändern und den Mut, einen neuen Weg einzuschlagen.

Hören wir auf, Hunde erziehen zu wollen. Ja, Sie haben richtig gelesen. All die verhaltensauffälligen Hunde sagen uns mehr als deutlich, dass sie das nicht wollen. Überzeugen wir unsere Hunde durch eine klare innere Haltung und bleiben wir auch in kritischen Situationen standhaft und vor allem ruhig. Damit ist bereits die Grundlage für eine gelingende Partnerschaft gelegt.

Für mich war Elli mein bester Ratgeber und auch Lehrmeister. Durch sie durfte ich mich weiterentwickeln und tief in eine Welt blicken, die faszinierender nicht sein kann. Nicht weil sie so kompliziert ist wie uns häufig eingeredet wird, sondern weil sie so wunderbar einfach und klar ist. Etwas, was wir Menschen schon lange verloren haben.

Auch in diesem Buch gibt es keine Lösung für alle Lebenslagen. In diesem Buch teile ich meine Erfahrungen und Sichtweisen mit und möchte geplagten Hundehaltern und Hundehalterinnen lediglich Denkanstöße geben. Vielleicht finden Sie sich in so mancher Geschichte wieder und können das ein oder andere an sich oder in ihrem Umfeld ändern. Aus meiner Erfahrung kann ich Ihnen sagen, dass es häufig viel mehr gar nicht braucht.

Seien Sie mutig, Ihren eigenen Weg zu gehen. Ihr Hund reicht Ihnen dazu seine helfende Pfote. Nehmen Sie diese an und lernen Sie sich und Ihren Hund neu kennen. Sie werden staunen, welch neue Welt sich für Sie öffnen wird.

Auf der Suche

Ich lebte mit meiner Familie und unseren zwei Misch-lingshündinnen am Stadtrand einer mittelgroßen bayerischen Stadt. Die Zusammenführung und das Zusammenfinden der beiden Hündinnen verlief alles andere als „normal" und hier beginnt bereits der erste Denkfehler, der bei vielen Menschen zu finden ist.

In vielen Köpfen ist fest verankert, dass alle Hunde alle Hunde lieben, sie als Spielkameraden willkommen heißen und überglücklich sind, wenn sie nicht mehr alleine sind. Dass dem nicht so ist, treibt viele Menschen an den Rand der Verzweiflung, wenn sie die harte Wirklichkeit einholt und sie feststellen müssen, dass der neue Hund alles andere als Willkommen ist.

Wir dürfen nicht vergessen, dass Hunde sich im Grunde als Rivalen betrachten, Rivalen in dem Kampf um Ressourcen und solch eine Ressource kann durchaus auch der Mensch sein. Ein weiteres Konfliktpotenzial kann sich in der Revierverteidigung verbergen. Zieht ein neuer Hund ein, dringt er in ein fremdes Revier ein, was häufig auch in Kämpfen enden kann. Der eine Hund verteidigt sein Revier gegen den Eindringling, der andere Hund muss sich dagegen wehren oder will es gar übernehmen. Je nach Hund. Auch dies ist ein ganz normales Verhalten der Hunde.

So war es auch bei uns, als unsere zweite Hündin A-melie bei uns eingezogen ist.

Maya hat ihr Revier und ihre Ressourcen, in diesem Fall ihr Bett, vehement verteidigt und es dauerte ca. vier Wochen, bis sich die Wogen geglättet haben. In dieser Zeit waren wir gefordert, Amelie darin zu unterstützen, ihren Platz bei uns zu finden aber auch, Maya immer wieder ihre Grenzen aufzuzeigen.

Viele Menschen geben während dieser Zeit vorschnell auf, weil sie der Ansicht sind, dass sich die Hunde nicht mögen oder nicht verstehen. Beachten wir auch bei einer Zusammenführung von Hunden ihre natürlichen Verhaltensweisen verstehen wir, welch großem Irrtum wir mit diesem Denken erliegen. Wir interpretieren etwas in die Hunde hinein, was es in ihrer Welt nicht gibt Es sind rein menschliche Denk- und Verhaltensweisen.

Sehen wir Hunde wieder als Hunde, kann das Zusammenbringen und Zusammenleben wunderbar funktionieren. Vor allem aber müssen wir uns von der Gleichmacherei verabschieden. Es gibt durchaus „pflegeleichte" Hunde, die sich sehr schnell einfügen und bei denen ein Kommando ausreicht. Bei vielen Hunden aber ist es nicht der Fall und dessen sollte man sich bewusst sein, bevor man einen Hund bei sich aufnehmen möchte.

Nachdem beide Hündinnen ihren neuen Platz bei uns gefunden hatten, kehrte langsam Ruhe ein und auch der Alltag. Mittlerweile sind die Beiden sogar wirklich „ziemlich beste Freunde" geworden, im menschlichen Sinne gesprochen.

Beide Hündinnen stammten aus dem Tierschutz und eigentlich wollten wir keinen weiteren Hund. Never change a winning Team sagt man so schön. Nichts-destotrotz verfolgten wir aber weiterhin die Seiten einiger Tierschutzvereine. Es kam, wie es kommen musste, wenn man sich all die Bilder der zu vermit-telnden Hunde ansieht. Plötzlich war da ein Bild, das uns nicht mehr losgelassen hat. Auf dem Foto war nur der Kopf zu sehen und unscharf ein Stück des Kör-pers. Selbst anhand dieses Fotos war zu erahnen, in welch desolatem Zustand sich dieser Hund befand. Aber dennoch blickten uns zwei Augen so klar und so offen an, dass es um uns geschehen war. Ich gebe zu, dass wir dennoch einige Tage überlegt haben, ob wir wirklich noch einen Hund bei uns aufnehmen wollen. Alles war eingespielt und eine weitere Hündin aufzu-nehmen, die seit vielen Jahren in einem ausländi-schen Tierheim eingesperrt lebte, kann eine enorme Herausforderung bedeuten. Hinzu kam, dass diese Hündin eine Herdenschutzhündin war und meine Erfahrungen mit diesen Hunden bis zu diesem Zeitpunkt eher gering waren. So stellte sich mir zusätzlich die Frage: „Bin ich dieser Herausforderung gewachsen, kann ich dieser Hündin mit ihren Bedürfnissen gerecht werden"?

Wir haben lange hin und her überlegt, aber diese Hündin ging uns nicht mehr aus dem Kopf. Dieser Blick, diese Anmut und dieser Stolz in ihrem Ausdruck. Wie konnten wir da widerstehen? Nach einigen Tagen haben wir mit dem Verein Kontakt aufgenommen und unsere Bereitschaft für eine Adoption bekundet. Was folgte war das übliche Prozedere. Uns wurde ein Fragebogen zugeschickt und eine Vorkontrolle angekündigt. Habe ich es bereits erwähnt? Diese Hündin hieß Elionore!

Genau genommen hätten wir Elionore gar nicht bekommen dürfen. Bei den Auswahlkriterien für Herdenschutzhunde findet man immer den Hinweis, dass diese nur an herdenschutzhunderfahrene Menschen mit einem großen Grundstück abgegeben werden. Nun, beides hatte ich nicht aufzuweisen. Unser Garten war klein und meine Erfahrungen mit Herdenschutzhunden waren bis zu diesem Zeitpunkt eher gering. Lebt und arbeitet man in einer Stadt, gehören diese stattlichen Hunde nicht zwingend zu den durchschnittlichen Kunden einer Hundetrainerin.

Aber was heißt schon Erfahrung mit….? Berücksichtigt man, dass nicht alle Hunde gleich sind und jeder Hund anders ist, relativiert sich das mit den Erfahrungen. In meiner Praxis höre ich sehr häufig von meinen Kunden und Kundinnen, dass sie schon immer Hunde hatten oder schon immer mit dieser oder jener Rasse gelebt haben, aber mit so einem Hund noch nie!

So kam es auch, dass wir trotz fehlender Herdenschutzhunderfahrung und kleinem Garten die Zusage für Elionore bekamen und unsere Vorfreude war groß. Trotz allem mussten wir uns noch in Geduld üben, bis Elionore für den nächsten Transport bereit war.

Während der Zeit des Wartens ging der Alltag weiter und durch meine Arbeit komme ich auch viel mit Tierschutzvereinen in Kontakt. Von diesen erreichen mich viele Hilferufe mit der Bitte um Aufnahme eines Hundes, weil unzählige Hunde nach kurzer Zeit ihr neues Zuhause wieder verlassen müssen. Über die Gründe habe ich bereits ein wenig geschrieben. Meist waren die Erwartungen bei den Menschen in das Lebewesen Hund zu groß oder aber auch die Beschreibungen der Hunde schlichtweg falsch. Auch dies sind keine Einzelfälle, sondern leider traurige Wahrheit.

Eines Tages bekam ich eine Anfrage von einem befreundeten Tierschutzverein, ob ich zwei acht Monate alte Herdenschutzhunde vorübergehend bei mir aufnehmen könne, bis ein neues Zuhause für die Beiden gefunden werden kann. Die Hunde stammten aus einem Wurf und wurden an ein Paar mit einem riesengroßen Grundstück vermittelt. Wie man meint, die ideale Voraussetzung für das Halten eines Herdenschutzhundes. Allein an diesem Beispiel sieht man, dass es sehr viel mehr braucht.

Die Hunde durften den ganzen Tag draußen sein, selbstständig Wachen und Schützen und schnell zeigten sie, was so alles in einem   führungslosen Herdenschutzhund versteckt sein kann. Bereits nach wenigen Wochen stellten sie ihre Menschen vor scheinbar unlösbare Probleme, indem sie ihre Eigenständigkeit, für die sie ja gezüchtet wurden, an den Tag legten und diese auch gegenüber ihren Menschen deutlich zum Ausdruck brachten. Besucher wurden nicht reingelassen, alles was sich dem Grundstück nähern wollte, wurde lautstark verbellt und zu guter Letzt zeigten sie ihren Menschen ganz deutlich deren

Grenzen auf. Für die Menschen gab es in dieser für sie schwierigen Lage nur eine Lösung: die Hunde müssen weg, und zwar sofort.

Immer noch ohne Herdenschutzhunderfahrung sagte ich spontan zu, denn ich wusste, dass die Plätze für diese Hunde sehr rar sind und daher den beiden Hunden die Einschläferung drohte. Glauben Sie nicht? Doch! Diese „Lösung" für schwierige Hunde kommt häufiger vor, als viele glauben möchten, auch bei uns in Deutschland. Leider wird diese Art der „Problemlösung" gerne totgeschwiegen, weil nicht sein kann was nicht sein darf. Wir haben schließlich ein Tierschutzgesetz. Doch nur wenn wir Probleme offen ansprechen, können wir auch eine Änderung herbeiführen.

Gleich am nächsten Tag machte ich mich auf die Reise, um die beiden Hunde abzuholen. Als ich nach ca. sieben Stunden Fahrt bei dem Verein ankam, war ich müde, aber doch sehr gespannt auf die Hunde. Was würde mich erwarten, wie waren die Hunde drauf und vor allem, würden sie mich akzeptieren?

Von den Vorsitzenden des Vereins wurde ich herzlich begrüßt und natürlich wollte ich sofort meine beiden Schützlinge kennenlernen. Ich erfuhr, dass der Rüde bereits ein neues Zuhause gefunden hatte und nur noch Anabel auf mich wartete. Na dann los, das Abenteuer Anabel kann beginnen.

Als ich Anabel sah, war mir sofort klar, dass sie nicht nur vorübergehend bei uns bleiben würde. Schon als junge Hündin hatte sie diesen Blick, mit dem sie bis heute jeden um den Finger wickelt. Anabel war uns Menschen, aber auch den anderen Hunden des Vereins, sehr zugetan und von Aggressivität war keine Spur zu erkennen, im Gegenteil. Dank der Gastfreundschaft der Vorsitzenden verbrachten wir einen harmonischen Abend und die Themen gingen natürlich rund um den Hund. Am nächsten Morgen machte ich mich mit Anabel auf den Heimweg und war gespannt, was meine Familie wohl sagen würde, aber eigentlich wusste ich es bereits.

Anabel hat die ganze Fahrt ruhig hinten im Auto verbracht, ab und an aus dem Fenster geschaut oder auch mal lautstark irgendetwas angebellt. Wir haben regelmäßige Pausen eingelegt, um uns die Beine zu vertreten. Die Fahrt mit Anabel hatte ich mir schwieriger vorgestellt.

Zuhause angekommen wurde, Hundemenschen kennen das, Anabel herzlich begrüßt und auch die Zusammenführung mit meinen beiden Hündinnen verlief problemlos. Anabel rein, den beiden Hündinnen ihre Grenzen aufgezeigt und das war es. Manchmal kann es ganz einfach sein.

Das Zusammenleben mit Anabel klappte vom ersten Moment an sehr gut. Natürlich musste sie Regeln kennenlernen und auch ihre Grenzen akzeptieren. Manchesmal meinte sie, mich herausfordern zu müssen, doch ich hielt ihren Prüfungen stand und schnell wurden wir ein Team.

Nach wenigen Tagen war bereits klar, dass wir Anabel behalten werden, trotz des kleinen Gartens und meiner immer noch mangelnden Herdenschutzhunderfahrung. Hier stellt sich mir die Frage, ob wir Menschen tatsächlich wissen (können), was andere Lebewesen wirklich brauchen oder ob es lediglich Interpretationen von Beobachtungen sind? Anabel und ich kamen und kommen bis heute wunderbar miteinander zurecht und was Herdenschutzhunde betrifft, habe ich an und mit ihr gelernt. Ich bin, wenn man so will, an meiner Aufgabe gewachsen. Das Entscheidende aber war, dass ich mich auf meine Instinkte verlassen habe und nicht auf das, was die Wissenschaft meint, herausgefunden zu haben. Im Grunde sind Herdenschutzhunde auch nur Hunde, nur ein wenig „anders".

Und Anabel war anders und hat mich mehr als einmal herausgefordert. Anabel brauchte eine klare Führung, eindeutige Regeln und vor allem strikte Grenzen. Jede kleine Inkonsequenz wurde von ihr sofort genutzt, um ihrer Wege zu gehen. Bei Anabel musste ich mir ihren Respekt im wahrsten Sinne des Wortes erarbeiten. Unser gemeinsamer Weg war nicht immer einfach und es gab auch mal Rückschritte. Doch besonders bei Anabel war es mir wichtig, sie, soweit es möglich war, der Hund sein zu lassen, der sie war. Dazu gehörte auch, sie ihrer Veranlagung entsprechend „auszulasten" und das war Wachen und Schützen. Ein großes Grundstück benötigte sie dafür nicht, es reichte auch unser kleiner Garten. Wenn ich mir unser Zusammenleben heute betrachte, kann ich sagen, dass ich instinktiv den richtigen Weg eingeschlagen habe und sie mir das geschenkt hat, was am wichtigsten in einer jeden Beziehung ist: Vertrauen!

Wer jetzt noch fehlte war Elionore. Der Tag ihrer Ankunft rückte immer näher und unsere Vorfreude wuchs, aber auch die Aufregung. Was oder besser wer würde uns erwarten? Alles was wir von Elionore gesehen hatten, war ein Foto. Aber genau genommen ist es nicht so wichtig, Hunde vorher kennenzulernen, weil es nicht geht. Man bekommt lediglich einen Eindruck, wie sich der Hund in der ihm bekannten Umgebung verhält. Wie er sich in einer anderen Umgebung entwickeln wird, mit anderen Menschen oder Hunden, sieht man nicht. Man bedenke nur, welchen Unterschied es macht, welcher Mensch die Leine hält. Ich erlebe immer wieder, dass geplagte Menschen mit einem vermeintlich leinenaggressiven

Hund zu mir kommen und um Unterstützung bitten. Kaum aber übernehme ich die Leine, beruhigen sich viele Hunde und der Spaziergang kann beginnen. Nicht wenige Menschen lässt dies sprachlos zurück.

Egal für welchen Hund wir uns auch entscheiden, es wird immer eine Reise ins Unbekannte sein, denn besonders „gebrauchte" Hunde bringen häufig ein ganzes Paket an Erlebnissen mit, die sich tief in ihnen eingebrannt haben und immer für eine Überraschung in ihrem Verhalten sorgen können.

Es ist an uns, sich Hunden unvoreingenommen zu nähern und sie zu akzeptieren so wie sie sind. Was war können wir nicht mehr ändern, aber wir können ihnen helfen, in ihrem neuen Hier und Jetzt anzukommen und zu lernen, dass es auch Menschen gibt, die ihnen wohlgesonnen sind.

Es mag sich schwierig anhören, doch viel braucht es dazu nicht. Befreien Sie sich aus dem Wirrwarr der unterschiedlichen Methoden, Systeme oder Modelle und folgen Sie wieder Ihren Instinkten. Meine Kunden und Kundinnen berichten mir immer wieder, dass sie sich bei diesem oder jenem Training nicht wohl gefühlt haben oder ein komisches Gefühl hatten. Leider folgen viele Menschen diesen Gefühlen nicht mehr und doch ist es genau das, was es im Zusammenleben mit unseren Hunden braucht: das Bauchgefühl und ein wenig Mut, sich darauf einzulassen.

Und haben Sie keine Sorge, dass es schief gehen kann. Ja das kann passieren, Fehler werden gemacht und sie gehören zu einem lebenslangen Lernen dazu. Aus Erfahrung wird man klug, auch aus den negativen. Dies sagten uns bereits unsere Großeltern und sie hatten Recht. Seien Sie mutig und machen Sie Fehler, die Erfahrungen aus diesen sind unbezahlbar.

Elli kommt an

Während der Zeit des Wartens auf Elionore haben wir uns überlegt, welchen Namen wir ihr geben sollen und wir kamen auf die verrücktesten Ideen. Am Ende aber wurde aus Elionore Elli. Manchmal liegt die Lösung ganz nah, eigentlich meistens.

Da wir nicht wussten, was oder besser gesagt wer bei uns einziehen wird, haben wir uns entschlossen, es erst einmal ruhig angehen zu lassen. Damit für alle Beteiligten der Stresslevel niedrig bleibt, haben wir unsere drei Hunde zu unseren Kindern gebracht. Es war keine lange Überlegung, sondern eine Entscheidung aus dem Bauch raus.

Laut der Beschreibung des Vereins sollte Elli ca. zwei Jahre alt sein und somit gut zu dem Alter unserer anderen drei Hündinnen passen. Dass diese Angabe aber so nicht stimmen konnte, sollte sich schnell herausstellen.

Am Tag von Ellis Ankunft fuhren wir zu dem Sitz des Vereins. Als wir dort ankamen, warteten bereits viele aufgeregte Menschen auf ihre neuen Vierbeiner. Wieviele Hunde auf dem Transporter waren, kann ich nicht mehr sagen, aber es waren viele. Als sich die Tür des Transporters öffnete, sahen wir Elli sofort. Sie lag in der Box direkt an der Tür und drängte sich an die Gitterstäbe. Es war ein Reflex, dass ich sofort zu ihr hin bin und sie durch das Gitter gestreichelt habe, so gut es eben ging. Hier sehe ich bereits den erhobenen Zeigefinger: „Das darf man nicht, was wenn der Hund dich beißt"? Hat sie aber nicht und wie gesagt, ich habe es einfach getan. Ohne nachzudenken, sondern rein instinktiv. Elli hat diese Zuwendung genossen und mich „ermahnt", wenn ich meine Hand wegziehen wollte. Was für eine Hündin.

Als wir Elli dann aus dem Transporter holten, sah sie ein wenig anders aus als auf dem Foto. Von dem verfilzten Fell war nichts mehr da, sie war ganz kurz geschoren und ihr Schwanz erinnerte mehr an Simba als an einen Herdenschutzhund. Auch ihr Schwanz war kurz geschoren und am Ende hatte man ihr einen Bommel gelassen.

Als wir sie aus ihrer Box holten, an der Leine natürlich, war sie zunächst etwas orientierungslos und zog in alle Richtungen. Ich ging in die Hocke und sofort kam Elli zu mir, und forderte ihre Streicheleinheiten ein.

Obwohl an diesem Tag auf dem Vereinsgelände eine große Unruhe und auch Aufregung herrschte, fiel sofort auf, dass Elli sich davon kaum beeinflussen ließ. All die anderen Hunde, die teilweise lautstark bellten, all die Menschen, die durcheinanderredeten, all das hat Elli ignoriert. Sie wollte nur schnüffeln und immer wieder gestreichelt werden. Dass sie all mein Wissen über Hunde über den Haufen werfen würde, dass ausgerechnet sie mein bester Lehrmeister werden würde, das ahnte ich zu diesem Zeitpunkt noch nicht.

Mit der Zeit reisten die neuen Herrchen und Frauchen mit ihren Hunden ab und es wurde ruhiger. Aufgrund der Entfernung und der vorgerückten Stunde entschlossen wir uns, die Einladung zur Übernachtung bei dem Tierschutzverein anzunehmen. Für uns und auch für Elli war es gut, erstmal zur Ruhe zu kommen, bevor unsere Reise in ein neues Leben beginnen konnte.

Auch im Haus verlief alles problemlos, was mich ein wenig überraschte. Einen Hund von A nach B zu verpflanzen, bringt häufig ein Konfliktfeld mit sich, doch nicht mit Elli. Im Haus befanden sich zwei Herdenschutzhunde, die sich wenig um die Besucher:innen kümmerten und auch Elli zeigte sich wenig beeindruckt, geschweige denn verunsichert. Sie erkundete das Haus und alles andere ignorierte sie. Als es an der Zeit war, die Hunde zu füttern, haben wir die Hunde vorsichtshalber getrennt. Ein großes Konfliktfeld in der Mehrhundehaltung ist häufig die Fütterung und nicht selten kommt es hier zu Beißereien unter den Hunden. Egal wie gut die Hunde sich sonst verstehen, Futter ist die wichtigste Ressource im Leben eines Hundes und häufig hört dort der Spass auf. Dient es doch dem Überleben, und darum geht es.

Auch beim Füttern zeigte Elli uns gegenüber keinerlei Aggressionen. Natürlich war sie bei der Zubereitung ein wenig ungeduldig, mehr aber auch nicht. Das Futter hat sie, so wie sie es gelernt hat, sofort verschlungen.

Dieses Verschlingen stört viele Menschen, weil sie sich Sorgen um die Gesundheit der Hunde machen. Diese Sorge hat sogleich geschäftstüchtige Erfinder auf den Plan gerufen. Sie haben „Antischlingnäpfe" oder Näpfe mit „Schlingstopp" und was weiß ich nicht noch alles erfunden. Angepriesen wird dies alles mit dem Argument des Gesundheitsschutzes der Hunde oder dem Aufzeigen der abstrusesten Gesundheitsgefahren für die Hunde. Auch dies ist eine Erfindung, auf die viele Menschen gerne reinfallen und völlig überzogene Preise für einen Plastiknapf mit seltsamen Fressbremsen bezahlen.

Beobachten wir Hunde, die in offenen Sheltern, als Strassenhunde oder in völlig überfüllten Zwingern leben sehen wir, dass jeder dieser Hunde sein Futter verschlingt. Die Ursache hierfür ist schnell gefunden.

Wer nicht schnell genug frisst, geht am Ende leer aus, weil ein anderer Hund schneller war. Und ja, die Hunde überleben es. Auch der Organismus eines Hundes kann sich hervorragend auf Unannehmlichkeiten einstellen und lernt, damit umzugehen. Besonders Tierschutzhunde haben gelernt, schnell zu fressen und sehr viele behalten dies ein Leben lang bei. Sondernapf hin oder her.

Nach der Fütterung haben auch wir zu Abend gegessen und uns anschließend mit Elli zurückgezogen, damit wir fit für die Heimreise am nächsten Morgen sind.

Die Nacht mit Elli verlief ruhig. Sie hat tief und fest geschlafen und ist erst mit uns aufgestanden. Nach dem Frühstück sind wir mit Elli das erste Gassi ihres Lebens gegangen. Weit kamen wir aber nicht, sie wollte nur schnüffeln. Jeder Millimeter war es wert, genauestens betrachtet und analysiert zu werden und jeden Meter gab es einen Fleck, der es wert war, darüberzumakieren.

Die erste Schwierigkeit begann, als wir Elli ins Auto bringen wollten. Elli wollte nicht einsteigen und hat sich vehement verweigert. In diesem Moment fragte ich mich, wie Elli wohl in den Transporter gelangt war? Viele Menschen sind mit diesem Problem konfrontiert und es ist ein fester Bestandteil meiner Arbeit. Der Hund will nicht ins Auto. An sich ist das nicht weiter schlimm, doch so manche Fahrt lässt sich nicht vermeiden. Spätestens wenn der Hund zum Tierarzt muss, hat man ein Problem.

Wenn ein Hund uns zeigt, dass er etwas nicht will, dass er Angst hat oder unsicher ist, begehen viele Menschen einen entscheidenden Fehler. Sie zwingen den Hund zu dieser Handlung. Sei es nun, dass der

Hund weitergezogen oder ins Auto gehoben oder geschoben wird. Mit solch einem Verhalten, meist aus Zeitdruck oder mangelnder Geduld, wird sehr viel Vertrauen zerstört. Stellen Sie es sich bitte einmal andersherum vor. Sie haben furchtbare Angst, in ein Auto zu steigen und alles in Ihnen wehrt sich. Doch anstatt Sie zu unterstützen, diese Angst überwinden zu können, kommt jemand, packt sie, setzt sie ins Auto und fährt los. Es kann ein traumatisches Erlebnis sein.

Ähnlich verhält es sich mit Hunden. Hilft man ihnen nicht, diese Angst zu überwinden, können sie diese niemals ablegen und während der Autofahrt entspannen. Es ist unsere Aufgabe und auch Verantwortung, die Hunde in ihrer Angst zu unterstützen und vor allem, ihnen aus dieser Angst herauszuhelfen.

Was habe ich also gemacht? Ich habe mich ins Auto gesetzt und Elli die Zeit gelassen, sich mir und dem Auto langsam annähern zu können. Wenn ich gemerkt habe, dass ihr Stresspegel steigt, bin ich mit ihr eine kleine Runde gegangen und dann haben wir weitergemacht, immer und immer wieder. Zu guter letzt habe ich mich hinten auf die Ladefläche gesetzt und Elli mit der Leine zu mir gebeten. Flucht war nun keine Option mehr, sie hatte nur noch den Weg zu mir ins Auto. Und Elli kam, Schritt für Schritt für Schritt. Während dieser Zeit blieb ich absolut ruhig, aber konsequent. Und auf einmal war es so weit. Elli ist ins Auto gesprungen, ohne schieben oder heben. Sie tat es ganz von allein und der erste Knoten war geplatzt.

Bitte achten Sie immer darauf, dass Sie Ihren Hund zu nichts zwingen. Hunde können alles und meist lernen sie sehr schnell, wenn Sie in Ihrem Wollen klar und eindeutig sind. Bleiben Sie geduldig und geben Sie Ihrem Hund die Zeit, die er braucht, um seinen, wie ich es nenne, Knoten im Kopf lösen zu können.

Nachdem wir diese erste Hürde geschafft haben, habe ich Elli noch ein wenig Zeit gegeben, um im Auto runterkommen zu können. Nachdem ich gemerkt habe, dass sie ruhiger wurde und sich hingelegt hat, konnte die gemeinsame Reise beginnen. Es war für uns alle eine Reise ins Unbekannte. Wie konnte ich zu diesem Zeitpunkt ahnen, dass Elli mein ganzes vermeintliches Hundewissen auf den Kopf stellen würde, dass sie mir in meiner Arbeit eine große Unterstützung werden und mich mehr über die wirklichen Dinge im Leben lernen würde, als es unser Bildungswesen jemals könnte?

Ein neues Leben beginnt

Die Heimfahrt dauerte einige Stunden, aber Elli ist in allen Situationen ruhig geblieben, was mich doch ein wenig überrascht hat. Bis auf den Transport nach Deutschland war Elli noch nie in einem Auto gesessen, man hat es deutlich an ihrer anfänglichen Verweigerung gemerkt, in unser Auto einzusteigen.

Unterwegs haben wir einige Pausen eingelegt, damit Elli, und auch wir, uns zwischendrin erholen konnten. Natürlich gab es dann beim Einsteigen jedes Mal Probleme, weil Elli ihre Angst vor dem Auto noch lange nicht endgültig abgelegt hat, doch es wurde mit jedem Mal ein klein wenig besser.

Nach schier endlosen Stunden auf der Straße kamen wir endlich Zuhause an und waren natürlich überglücklich. Endlich zieht unsere Elli ein und die gemeinsame Reise konnte beginnen. Wir wussten unsere drei Hunde bei unseren Kindern in guten Händen und konnten uns ganz auf Elli einlassen.

Bereits hier machen viele Menschen einen kleinen, aber häufig entscheidenden Fehler. Sie sperren die Haustür auf, machen die Leine ab und lassen den Hund sein neues Zuhause erkunden. Die Menschen ziehen sich dabei auf einen Beobachtungsposten zurück, sind für den Hund nicht präsent und sehen freudig dabei zu, wie der Hund sein neues Revier gerne auch mal absteckt. Hier wohne ab sofort ich heißt das auf hündisch. Auch hier möchte ich anmerken, dass Hund nicht gleich Hund ist. Bei vielen geht es gut, bei vielen aber nicht und es wird bereits beim Einzug die Grundlage für die spätere Trennung gelegt.

Mit Elli an der Leine sind wir zusammen durchs Haus gegangen, habe ich sie in mein Revier eingeführt. Nachdem wir diese Erkundungsrunde abgeschlossen haben und ich gemerkt habe, dass Elli ruhiger wurde, habe ich ihr die Leine abgenommen. Dies war das Zeichen für sie, dass sie sich nun frei bewegen darf. Natürlich bin ich immer in ihrer Nähe geblieben und habe ihr auch sogleich ihre Grenzen aufgezeigt. So hat sie gleich zu Beginn gelernt, dass ich die Regeln aufstelle und auch die Grenzen setze.

Das gehört zu einem Ankommen unbedingt dazu. Bitte bedenken Sie, dass viele Hunde aus dem Tierschutz noch nie in einem Haus gelebt haben. Sie haben das Überleben auf der Straße oder in einem Shelter gelernt. Woher also sollen sie wissen, dass sie z.B. nicht auf eine Couch oder nicht ins Bett dürfen? Das können sie nicht wissen. Wie bereits beschrieben, sind solche Dinge für Hunde lediglich   Ressourcen, die gerne in Beschlag genommen werden. Anfangs freuen sich viele Menschen, dass der Hund endlich weich liegt oder auf dem Bett glücklich ist. Spätestens aber, wenn der Hund diese Ressourcen mit den Zähnen, auch gegen seine Menschen, verteidigt, ist die anfängliche Freude schnell verflogen.

Einem Hund von Anfang an seine Grenzen aufzuzeigen und klarzustellen, wem die Ressourcen gehören, ist eine enorme Hilfestellung für den Hund. Zeigen Sie

Ihrem Hund gleich zu Beginn wie er sich richtig verhält, ersparen Sie sich und Ihrem Hund das spätere ständige Aus! Nein! oder Pfui! Ein Hund, der weiß was er darf, weiß automatisch auch, was er nicht darf. So einfach kann es sein, für Mensch und Hund.

Nach dem Kennenlernen und natürlich der damit verbundenen Aufregung, wurde Elli mit der Zeit immer ruhiger und ich habe mich in eines der Hundebetten gelegt. Elli kam sofort zu mir und hat sich eng an mich gedrückt. So haben wir beide gemeinsam geruht und ich habe eine unglaubliche Verbundenheit zu diesem mir noch fremden Hund gespürt. Von Elli ging etwas aus, was ich bis heute nicht mit Worten beschreiben kann. Diese Hündin hatte etwas, was ich so noch nie bei einem Hund gespürt hatte. Und ich habe sehr viele Hunde in meinem Leben kennengelernt.

Die Nacht mit Elli verlief ruhig und problemlos. Als wir am nächsten Morgen aufgestanden sind, lag Elli immer noch in ihrem Bett. Als sie uns aber sah, sprang sie sofort auf und forderte ihre Streicheleinheiten ein, die ich ihr gerne gegeben habe. Danach war es Zeit für den ersten Gassigang. Ich machte mich fertig, legte Elli die Leine um und dann konnte es losgehen. Elli stürmte sofort raus, doch nach wenigen Metern ging ihr die Kraft aus. Durch die jahrelange Haltung in einem Zwinger, hatte sie kaum Muskeln, um weiter als ein paar Meter gehen zu können. In den folgenden Wochen bin ich daher mit Elli immer getrennt von meinen anderen Hunden Gassi gegangen und mit jedem weiteren Meter, den wir geschafft haben, hat Elli an Muskeln und Kraft gewonnen.

Nachdem ich mit Elli wieder zurück war, habe ich sie gefüttert und danach war es an der Zeit, unsere drei Hunde wieder nach Hause zu holen und sie mit der neuen Konstellation zu konfrontieren. Auch diese Entscheidung, wie wir das bewerkstelligen sollen, fiel aus dem Bauch raus. Wir entschieden uns, die nun vier Hunde auf neutralem Boden zusammen zu bringen und anschließend mit den vier Hunden nach Hause zu gehen. Gesagt getan. Unsere Kinder haben draußen in einiger Entfernung mit unseren drei Hunden gewartet, bis wir mit Elli rausgegangen sind.

Doch auch hier zeigte Elli keinerlei Interesse an den anderen Hunden. Ungeachtet der drei doch ein wenig aufgeregten Hunde, hat sie ihr Ding gemacht und einfach nur geschnüffelt. Langsam haben wir uns angenähert und meine Hunde waren aufgrund der Situation ein wenig verunsichert. Frauchen hatte einen fremden Hund an der Leine. Doch Ellis Souveränität half ihnen und natürlich auch uns, dass alle ruhig geblieben sind. Nachdem sich alle vier Hunde angenähert haben, sind wir alle gemeinsam ins Haus gegangen und das wars.

Wenn ein neuer Hund hinzukommt, können wir beobachten, wie sich die alten Strukturen verschieben. Jeder Hund muss seine neue Stellung finden und sich in ein neues Gefüge einfinden. Für die Hunde ist dies ganz natürliches Verhalten, aber viele Menschen treibt dies an den Rand der Verzweiflung und es zeigt uns, dass es mit der Zusammenführung alleine nicht getan ist. Hat die Zusammenführung geklappt, beginnt die eigentliche Aufgabe. Die Hunde darin zu unterstützen, ihren Platz in dem neuen „Rudel" zu finden. An dieser Stelle möchte ich anmerken, dass dieser Streit um von Menschen erfundene Begrifflichkeiten die Zeit nicht wert ist, die damit vergeudet wird. Ob man es nun Rudelstellung, Rang, Position oder sonstwie nennt, ist nicht wichtig.

Wichtig ist vielmehr darauf zu achten, was die Hunde uns mitteilen. Müssen sie eine Rolle oder Position einnehmen, die sie überfordert, teilen sie uns dies mit. Häufig aber werden diese Signale nicht erkannt und die Hunde bekommen den Stempel „verhaltensauffällig" oder „problematisch". Das sind sie aber nicht. Sie verhalten sich wie Hunde, die führungs- und orientierungslos sind und versuchen, ihre Konflikte auf ihre Art und Weise zu lösen. Bedenken Sie bitte, dass Hunde in Hierarchien leben und wir im Grunde genommen auch. Einer muss immer der „Anführer" sein, der die Individuen zusammenhält, der die Richtung vorgibt und auch Entscheidungen trifft. Wichtig dabei ist, in diesem Fall, dass diese Entscheidungen aus Sicht der Hunde auch logisch sind. Haben Sie Ihrem Hund z.B. nie seine Grenzen aufgezeigt und ihm alle Ressourcen zur freien Verfügung überlassen, wird er es nicht akzeptieren, wenn Sie diese plötzlich für sich beanspruchen und versuchen, dem Hund z.B. einen Schuh, den er zum Zerbeißen gern hat, wegzunehmen. Ihr Hund wird Ihnen deutlich mitteilen, was er von Ihrer Entscheidung hält.

Nun waren wir alle im Haus und man merkte den Hunden ihre Unsicherheit an, außer Elli. Von dem vermittelnden Verein bekamen wir den Hinweis mit, dass mit Elli bei uns nun eine Gouvernante einziehen wird und so war es auch. Elli hat den anderen Hunden schnell mitgeteilt, dass sie sich von ihnen nicht die Butter vom Brot nehmen lassen wird.

Mir war schnell klar, dass, wenn ich nicht aufpasse, Elli ganz schnell das Ruder übernehmen wird. Daher galt es für mich, wachsam zu bleiben und alle in ihre Schranken zu weisen, wenn die Hunde in ihren „Diskussionen" zu heftig wurden. Dann war es an mir, die Hierarchie wieder herzustellen und für Ordnung zu sorgen. Die Herausforderung hier war wirklich, Elli ihre Souveränität zu lassen und auch ihre Kompetenzen zu berücksichtigen, aber auch ihr ihre Grenzen aufzuzeigen, wenn es sein musste.

Alles zu seiner Zeit

Ich war wirklich überrascht, wie gut das Zusammenleben der Hunde untereinander funktionierte. Auch wenn zu Beginn eine gewisse Unruhe herrschte, legte sich diese zusehends. Nach und nach fand jeder Hund seinen Platz, auch Elli. Sie wurde tatsächlich die Gouvernante. Sie rief die anderen Hunde zur Ordnung, wenn diese übermütig   wurden, und gab ihnen eine klare Ansage, wenn sie es brauchten.

Ellis Kommunikation und ihr Verhalten haben mich von Anfang an fasziniert, weil es anders war, wie wir es von so vielen Hunden kennen oder auch in unzähligen Ratgebern lesen können. Elli hat eine Ruhe ausgestrahlt, die man nicht beschreiben kann, und doch beobachtete sie das Geschehen um sie herum genau. Elli musste nicht laut bellen, um sich mitzuteilen oder ständig umherlaufen, um irgendetwas zu kontrollieren. Das erste was Elli mich gelehrt hat war, dass es das ganze Gedöns, das uns eingeredet wird, gar nicht braucht. Elli hat kommuniziert mit Blicken, mit ihrer glasklaren Körpersprache und vor allem mit ihrer inneren Haltung! Das war es, was diese Hündin ausgemacht hat. Sie hat sich immer ihre innere Haltung bewahrt und dadurch in jeder Situation souverän reagiert und mir wurde bewusst, wieviel ich von dieser Hündin lernen konnte und auch musste.

Unser Schlafzimmer befand sich im Obergeschoss und alle Hunde verbrachten die Nächte bei uns im Schlafzimmer. Als wir die erste Nacht nach oben gegangen sind, folgten uns unsere drei Hündinnen wie immer, aber Elli nicht. Sie hatte sichtlich Angst vor der Treppe und zog sich wieder ins Wohnzimmer zurück und ich habe sie gelassen. Bei allem, was Hunde in unserer Welt lernen müssen, müssen wir auch darauf achten, sie nicht zu überfordern. Elli hatte bereits die Herausforderung Auto gut gemeistert und auch den Einzug in ihr neues Zuhause problemlos hinter sich gebracht. Das war genug. Wir würden noch so viel Zeit haben, um aneinander zu wachsen und miteinander lernen zu können. Für mich gilt immer der Grundsatz: „Alles kann, aber nichts muss". Häufig sind die Erwartungen der Menschen viel zu hoch, so dass die ersten Enttäuschungen nicht lange auf sich warten lassen, weil der Hund den enormen Anforderungen der Menschen nicht gerecht werden kann. Alles braucht seine Zeit und es dauert so lange wie es dauert! Erzwingen kann man nichts.

Obwohl Elli eine Herdenschutzhündin war, überließ sie das Wachen und Schützen Anabel, die dieser Aufgabe gewissenhaft nachkam. Hat Anabel gemeldet, ist Elli nur aktiv geworden, um die Situation abzuschätzen. War es ein Fehlalarm, und das war es meistens, hat sie sich wieder zurückgezogen und weiter gedöst. Aber immer mit einem wachsamen Auge, die Arbeit aber musste Anabel erledigen.

Unsere Gassigänge wurden mit jedem Tag ein wenig länger und jeder weitere Meter, den wir gemeinsam geschafft haben, erfüllte mich mit Freude. Zuhause war Elli damit beschäftigt, ihre Stellung unter den Hunden abzustecken. Auch wenn ein „Chef" in einem steckt, heißt das noch lange nicht, dass dies von allen akzeptiert wird. Respekt fliegt auch den Hunden nicht zu, den müssen sie sich erarbeiten. Diese Zeit ist eine Zeit der Unruhe unter den Hunden und als Mensch ist man gefordert, rechtzeitig einzuschreiten. Besonders im Fall eines Hundes wie Elli ist es wichtig, diesen Hund in seiner Kompetenz zu unterstützen. Wenn er es nicht schafft, der Meute ihre Grenzen aufzuzeigen ist es an den Menschen, die Ordnung wieder herzustellen. So bleibt der Hund in seiner Kompetenz und man wächst zu einem Team heran, das sich gegenseitig stützt und unterstützt. Besonders in späteren Jahren, als Elli älter und schwächer wurde, hat sie mich einige Male um Unterstützung gebeten, und dieser Bitte bin ich gerne nachgekommen.

Mit der Zeit haben alle, auch ich, ihren Platz im „Rudel" gefunden und für mich begann die lehrreichste

Zeit meines Lebens. Ich habe mich nie als Oberbe-fehlshaberin meiner Hunde gesehen oder gar als „Ru-delführerin". Vielleicht passt für mich der Begriff Ver-mittlerin besser. Es ist schon richtig, dass es die Hunde unter sich ausmachen müssen, aber nur bis zu einem gewissen Punkt. Schreitet der Mensch nicht ein, wenn er merkt, dass die Situation eskalieren kann, machen es die Hunde wirklich unter sich aus und nicht selten kommt es dabei zu ernsthaften Ver-letzungen. Viele Menschen nennen es anschließend Artgenossenaggression und ein Martyrium beginnt, für Mensch und Hund. Monatelanges Training ist an-schließend angesagt und Üben, Üben, Üben von Din-gen, die es in der Hundewelt nicht gibt und daher keine dauerhaften Lösungen bringen kann, im Ge-genteil. Wird nur an den sichtbaren Symptomen her-umprobiert, bis der Hund funktioniert, wie es der Mensch gerne haben will, wird sich die Ursache ihren Weg nach außen bahnen und früher oder später knallt es dann richtig. Viele Menschen werden anschließend berichten, dass ihr Hund aus dem Nichts gebissen hat.

Kein Training

Beim Gassi haben wir es jeden Tag ein wenig weiter geschafft und irgendwann sogar bis auf das offene Feld, das doch ein Stück von unserem Haus entfernt war.

Elli zog von Anfang an an der Leine, und ich habe sie gelassen. Warum? Weil es mich nicht gestört hat! Ich habe für Elli eine längere Leine besorgt, und das

Problem der strammen Leine war gelöst. Elli und ich hatten keinerlei „Dominanzgerangel" oder andere Probleme. Soll sie doch vorne laufen, wenn sie damit zurechtkommt. Viele Menschen aber haben damit ein Problem. In vielen Ratgebern oder auch Fernsehsendungen bekommen sie erklärt, warum der Hund rechts oder links, hinter dem Menschen oder der Kopf des Hundes einen Zentimeter hinter dem Knie des Menschen sein muss. Lassen Sie uns mal kurz nachdenken. Wenn es so viele verschiedene Positionen für den Hund geben soll, welche soll dann die richtige sein? Mir erschließt sich das nicht. Wir sollten vielmehr darauf achten, wo sich der Hund wohlfühlt, und seien Sie sicher: Ihr Hund wird es Ihnen zeigen.

Er wird sich dort einreihen, wo er aus seiner Sicht hingehört. Haben Sie den Mut, dies herauszufinden und hören Sie bitte nicht auf all die Ratschläge von „Besserwissern". Niemand kennt Ihren Hund und Sie besser als Sie selbst. Sie müssen mit Ihrem Hund klarkommen und sonst niemand. Voraussetzung hierfür ist lediglich, dass die Beziehung stimmt, dass Ihr Hund Ihnen und Ihrer Führung vertraut. Man kann auch sagen, dass Ihr Hund sein Leben gerne in Ihre Hände legt. Beim Lesen mag es sich kompliziert anhören, ist es aber nicht.

Anhand eines Beispiels aus meiner beruflichen Praxis mit dem Border Collie Sam und seinen Menschen möchte ich aufzeigen, wie wenig es manchmal braucht und wie wichtig es ist, auf die Eigenschaften und Veranlagungen der Hunde einzugehen und vor allem, mit diesen entsprechend umzugehen.

Sam und seine Menschen kamen zu mir, weil es mit dem Gassi einfach nicht klappen wollte. Sie hatten bereits mehrere Trainingsmethoden durchlaufen und sind an einer Methode hängen geblieben, die Mensch und Hund gleichermaßen überfordert hat. Diese Methode hatte weder die hündischen noch die menschlichen Bedürfnisse berücksichtigt.

Schon als die Drei bei mir angekommen sind, war die erste Ursache für die Probleme zu erkennen. Sam war sehr aufgeregt und sein Frauchen konnte ihn nicht beruhigen. Sie versuchte immer wieder, Sam körpersprachlich zurückzudrängen, was dieser aber ignorierte. Anstatt sein Frauchen zu beachten, drängte er sich an ihr vorbei und wollte die Gegend erkunden. Mensch und Hund haben sich einfach nicht verstanden. Ich bat Petra, mir die Leine von Sam zu geben. Ich nahm die Leine von Sam kürzer und nahm ihm so die Möglichkeit, hin und her laufen zu können. Weder befahl ich ihm etwas noch zwängte ich ihm ein Verhalten auf, welches für ihn in dieser Situation unpassend war. Ich wartete einfach und bat

Klaus und Petra mir zu berichten, wo aus ihrer Sicht das Problem bestand.

Sie erzählten mir, dass ihnen gesagt wurde, dass nur Frauchen mit Sam arbeiten darf, da Hunde nur auf einen Menschen reagieren und nur einen Menschen als Chef akzeptieren würden. Herrchen war in dieser Konstellation außen vor oder anders gesagt, er durfte nichts. Weder Sam Grenzen setzen noch seinen Respekt einfordern.

Dieses Hundetraining ging so weit, dass es mittlerweile sogar in der Ehe der Beiden knirschte. Wow, auch ich lerne immer wieder dazu, denn von solch einer Methode hatte ich noch nichts gehört. Während des Gesprächs beruhigte sich Sam zusehends und wir konnten starten. Zunächst bat ich Petra, die Einzige, die von der Hundeschule die Erlaubnis hatte, Sams Leine zu halten, mit ihm eine Runde zu drehen. Nun ja, es sah nicht wirklich gut aus. Sam wollte immer wieder an Frauchen vorbei und immer wieder drängte sie ihn mit ihrem Körper zurück. Von Ruhe und Entspannung waren die Beiden weit entfernt. Lange konnte ich mir diesen Stress nicht ansehen und schnell habe ich abgebrochen. Mehr als „Mensch und Hund in Not" fiel mir dazu nicht ein.

Das Problem war, dass Mensch und Hund aneinander vorbei kommuniziert haben. Mit dem Zurückdrängen wollte Petra Sam klar machen, dass er hinter ihr bleiben sollte. Sam aber kam nicht auf die Idee, sich hinter seinem Frauchen einzureihen. Er teilte ihr deutlich mit, dass er sich hinter ihr nicht wohlfühlt. So waren die beiden in einem Verhalten gefangen, aus dem es kein Entrinnen zu geben schien. Und Herrchen? Er durfte ja nicht unterstützend eingreifen.

Border Collies sind schlaue Hunde und lernen schnell. Gezüchtet wurden sie, um Herden zusammenzuhalten und hier setzte ich an. Ich bat Klaus mit Sam zu dem anderen Ende meines Geländes zu gehen und Petra bat ich, bei mir zu warten. Als Klaus sein Ziel erreicht hatte, wurde Sam sehr unruhig und blickte ständig zwischen Klaus und Petra hin und her. Sam hatte Stress, weil seine Herde sich getrennt hatte. Jetzt bat ich Petra in die Hocke zu gehen und Klaus bat ich, Sam loszulassen. Sofort flitzte Sam zu Petra und ich hörte einen mir wohlbekannten Satz: „Das hat er ja noch nie gemacht". Nun bat ich Klaus in die Hocke zu gehen, und sofort ist Sam zu Klaus gerannt. Das Ganze wiederholte ich nocheinmal mit Petra und wie erwartet lief er sofort zu ihr. Jetzt aber blickte er wieder zwischen seinen Menschen hin und her und das war das Signal, worauf ich gewartet hatte. Ich bat Petra, nun gemeinsam mit Sam zu Klaus zu gehen.

Sie sah mich zwar fragend an, kam meiner Bitte aber nach. Bei Klaus angekommen, setzte sich Sam sofort hin und schien zufrieden. Nachdem auch die Menschen fragend dreinblickten, klärte ich sie auf. Sam konnte seiner Aufgabe nachkommen, seine „Herde" zusammenzuführen. Ich sah das „aber" in den Augen von Klaus und Petra und antwortete ihnen, dass dies nicht ihre Autorität oder sonst etwas untergraben werde, sondern sie mit ihrem Hund in seiner Welt angekommen seien. Wir haben diese „Übung" einige Male wiederholt und man hat gespürt, wie Mensch und Hund langsam zusammengewachsen sind. Um vermeintliche Probleme lösen zu können, ist es unausweichlich, dass wir uns der Welt der Hunde wieder annähern. Wer nur fordert, ohne zu geben wird früher oder später scheitern, auch an seinem Hund.

Klaus hat mich immer wieder gefragt, ob er wirklich auch etwas mit Sam machen darf, und ich bestärkte ihn in seinem Wunsch und forderte ihn auf, aktiver zu werden und sich in die Beziehung einzubringen. Nach diesen ersten Erfolgen machten wir Schluss und verabredeten uns für den nächsten Tag für ein Folgetraining.

Als die Drei am nächsten Morgen bei mir ankamen, sah das Aussteigen schon besser aus und ich bat Petra, ruhig zu bleiben und Sam die Zeit zu geben die er braucht, um sich beruhigen zu können. Sam hat dieses Signal bereits schnell verstanden und setzte sich nach wenigen Augenblicken hin. Mit dem Wissen um die hervorragenden Fähigkeiten von Border Collies, entschied ich, die Herausforderung für Klaus und Petra ohne Vorwarnung zu steigern. Ich sagte ihnen, dass wir am besten gleich zum Gassi aufbrechen. Sie sahen mich mit großen Augen an und ich spürte ihre Unsicherheit. Das war für mich mehr als eine Herausforderung, den Menschen zu zeigen, was alles möglich ist.

Also machten wir uns auf den Weg und ohne Vorwarnung bat ich Petra, die Leine loszulassen. Erschrocken sah sie mich an und ich wiederholte meine Bitte: „Lass die Leine los". Als Petra die Leine losgelassen hat, habe ich sie sofort in ein Gespräch verwickelt, aber trotzdem blickte sie sich ständig um, um Sam im Auge zu haben. Als Sam sich an einer für ihn interessanten Stelle festgeschnüffelt hatte, wollte Petra sofort zurück, um ihn zu holen. Man hatte ihr gesagt, dass Sam das nicht darf. Ich hakte mich bei Petra unter und habe sie einfach mitgenommen und siehe da, Sam ist gekommen. Nun bat ich Klaus und Petra, unsere Übung von gestern auch auf unserem Gassiweg zu wiederholen. Sam und seine Menschen hatten sichtlich Freude an dem neuen Miteinander und nach diesem „Hüten" lief Sam entspannt bei Frauchen und Herrchen, später auch an der Leine. Manchmal kann es so einfach sein, wenn man seinen Hund nicht vergisst.

Mit Elli habe ich nie ein Leinentraining veranstaltet, weil es sich für mich nicht richtig angefühlt hat. Nach all den Jahren, in denen sie eingesperrt war, wollte sie einfach nur laufen und das sollte sie auch. Sie durfte auch beim Gassi die Elli sein, die sie war. Problem hatten wir nie, auch nicht bei Hundebegegnungen. Elli hat sie alle in ihrer Souveränität ignoriert, egal, wie laut die anderen Hunde gebellt, oder welches Prozedere diese sonst an den Tag gelegt haben. Elli ließ sich von nichts und niemanden beeindrucken. Also warum ihr eine Position aufzwängen, die Menschen sich ausgedacht haben?

Unsere Gassigänge waren entspannt, auch wenn uns fremde Menschen eine fehlende Leinenführigkeit attestiert haben. Von Elli habe ich gelernt, dass es die Meinung der anderen ist, und dass diese bei den anderen auch gut aufgehoben ist. Wir kamen wunderbar zurecht und das ist es, was am Ende wirklich zählt.

Mit der Treppe hat es noch einige Zeit gedauert und ich habe Elli zu nichts gezwungen. Doch auch hier kann man sagen, dass die Zeit so manche Wunden heilt und Wunder geschehen können, wenn wir nur geduldig bleiben.

Eines Abends machten wir uns wie immer fertig, um ins Bett zu gehen. Die drei Hunde folgten uns wie immer und Elli blieb unten. Nachdem wir im Bett waren, bemerkten wir, dass etwas anders war und blickten uns um und sahen, was anders war. Elli stand im Schlafzimmer! Sie hat diese Hürde ganz von allein genommen, ohne unser Zutun. Von diesem Tag an war der Damm gebrochen, und Elli folgte uns jeden Abend ins Obergeschoss. Ohne Lockungen oder Verlockungen. Sie hat es gemacht, weil es ihre Entscheidung war und somit war diese Angst dauerhaft überwunden.

Angst

Trotz ihrer Souveränität hat Elli einige Ängste mitgebracht, die sich erst im Laufe der Zeit gezeigt haben. Die Angst vor dem Autofahren hatte sie doch recht schnell abgelegt und auch ihre Angst vor der Treppe konnte sie nach einiger Zeit überwinden. Doch da war noch mehr, was erst nach einiger Zeit immer offensichtlicher wurde. Es war ihre Angst vor Männern!

Elli kam mit allen Menschen zurecht. Zwar zeigte sie sich bei Fremden zurückhaltend, doch nach einem anfänglichen Zögern bemerkte Elli, dass auch fremde Menschen zwei Hände zum Streicheln haben. Auch hier habe ich Elli zu keiner Zeit in eine Situation gezwungen, die sie nicht aushalten konnte. Ich überließ immer ihr die Entscheidung, wann sie für etwas bereit war oder auch nicht. Auch unsere Besucher:innen bat ich stets, Elli nicht zu überfordern und zu warten, bis sie von selber kommt. Es waren ja noch drei weitere Hunde da, die menschlicher Zuwendung alles andere als abgeneigt waren.

Auch mit unseren Söhnen kam Elli gut zurecht. Nach einem kurzen Zögern suchte sie den Kontakt und ging mit ihnen auch ohne Probleme zum Gassi mit. Aber plötzlich war alles anders. Einer unserer Söhne kam eines Tages nach einem Friseurbesuch nach Hause, und Elli war wie ausgewechselt. Aufgrund der sommerlichen Temperaturen hatte sich unser Sohn seine Haare abrasieren lassen und Elli ergriff sofort mit einem lauten Aufjaulen die Flucht, als sie ihn sah. Da Elli in all den Wochen, die sie nun schon bei uns war, keine Berührungsängste gegenüber unserem Sohn zeigte, traf uns ihr Verhalten vollkommen unerwartet. Konnte eine andere Frisur eines bekannten Menschen solch eine Angst auslösen? Die Antwort ist eindeutig ja! Nach diesem Ereignis trat Ellis bis dahin versteckte tiefe Angst vor Männern hervor und es war an uns, Elli aus dieser Angst herauszuholen. Auch hier gilt, dass man nichts erzwingen kann und es dauert, solange es dauert.

Für unseren Sohn bedeutete dies, erstmal auf Abstand zu Elli zu bleiben. Kam er zu uns ins Zimmer, verfolgten ihn Ellis Blicke misstrauisch. Ich bat unseren Sohn, Elli nicht anzusehen und sie auch nicht anzusprechen. Er sollte sich ganz ruhig verhalten und so tun, als sei sie gar nicht da. Diese Vorgehensweise hat sehr gut funktioniert und Ellis argwöhnische Blicke beim Anblick unseres Sohnes, wurden immer entspannter. Als ich merkte, dass Elli unseren Sohn aus der Distanz erträgt, bat ich ihn, sich ganz still auf den Boden zu setzen und einfach nur zu warten. Man merkte Elli an, dass sie zwar zu unserem Sohn wollte, er hatte ja auch zwei Streichelhände, sie aber einen inneren Konflikt austrug. Wenn ich bemerkte, dass es Elli zu viel wurde, bat ich unseren Sohn wieder zu gehen und mit jedem Tag wurde es besser. Elli näherte sich unserem Sohn, jeden Tag ein kleines Stückchen mehr und als ich spürte, dass sie ihre Panik abgelegt hatte, unterstütze ich sie, indem ich ihr die Leine angelegt habe. Je nach Vorgehensweise kann die Leine ein Gängelwerkzeug oder aber eine Unterstützung für den Hund sein. Mir ist es immer wichtig, dass die Leine eine Verbindung zwischen Mensch und Hund herstellt. Eine Verbindung, die dem Hund Sicherheit und auch Orientierung gibt, damit er nicht auf sich allein gestellt ist. Auch mit Elli habe ich darauf hingearbeitet, besonders, weil sie eine Leine vorher noch nie kennengelernt hatte.

Mit dieser Unterstützung haben wir es geschafft, dass Elli sich unserem Sohn angenähert und nach kurzer Zeit sogar auch von ihm ihre Streicheleinheiten eingefordert hat. Ihr Misstrauen gegenüber Männern aber blieb nach dem o.g. Erlebnis noch einige Zeit bestehen. Wir haben gelernt, damit umzugehen und Elli zu unterstützen, damit sie auch diese Angst ablegen konnte. Dass es nicht von heute auf morgen passieren würde, war klar. Da hatte sich etwas fest in ihrem Kopf verankert, was durch eine Frisur wieder hervorgerufen wurde. Bei uns Menschen würde man wohl von einem Trauma sprechen. Gibt es das auch bei Hunden? Offensichtlich ja, und auch hier gilt: es dauert so lange wie es dauert! Ungeduld ist besonders bei Ängsten mehr als fehl am Platz. Manche Ängste lassen sich meist sehr schnell überwinden, wie bei Elli die Angst vor dem Autofahren oder auch das Treppensteigen.

Hier aber war die Angst tiefer und der Weg länger. An manchen Tagen hatte Elli kein Problem mit unserem Sohn. Wenn er ins Zimmer kam, ist sie sofort zu ihm hin und freute sich über den willigen Menschen, der sie gerne und lang beschmust hat. An manchen Tagen aber ging gar nichts. Kam unser Sohn ins Zimmer, ergriff Elli sofort die Flucht. An diesen Tagen ließen wir Elli auch in Ruhe, um sie nicht zu überfordern. Aber dennoch war deutlich zu spüren, dass es jeden Tag ein klein wenig besser wurde, auch wenn der äußere Schein etwas anderes zu vermitteln schien. Manchmal ging Elli zu unserem Sohn, genoss seine Zuwendungen und wie aus dem Nichts jaulte sie auf und lief davon. Es war ein ständiges Auf und Ab, aber wir blieben auf unserem Weg.

Wenn man einen Hund nie in die Situation seiner Angst bringt, wie soll er lernen, diese für ihn beängstigenden Gegebenheiten überwinden zu können? Das wird nicht gehen. Daher ist es immer wichtig, solche Situationen herbeizuführen und genau auf die Signale des Hundes zu achten, um zu erkennen, wann es für ihn genug ist. Auch hier gilt Schritt für Schritt, denn Ängste abzubauen kann ein langer Weg sein. Wichtig ist, dem Hund eine echte Stütze zu sein, immer ruhig zu bleiben und ein klares Ziel vor Augen zu haben. Um einem Hund aus seiner Angst zu helfen, kann auch hier die Leine ein wichtiges Hilfsmittel sein. Aber zwingen Sie Ihren bitte Hund zu nichts, lassen Sie sich Zeit und bleiben Sie bitte geduldig. Der Hund wird in die Situation gehen, manchmal nur Millimeter für Millimeter, aber er geht. Und darauf kommt es an. Wenn nichts mehr geht, bringen Sie den Hund kurz aus der Situation heraus und beginnen Sie von vorne. Schritt für Schritt.

Hier fällt mir das Beispiel des Rüden Balou ein. Ich wurde um Unterstützung gebeten, weil Balou sich vehement dem Auto verweigert hat. Herrchen hatte die Ursache an dem Auto ausgemacht und sich extra ein neues Modell zugelegt, doch Balou verschmähte auch den neuen Wagen. Hunden ist es egal, welche Marke oder welches Modell wir ihnen zumuten wollen. Auto ist Auto, ganz einfach.

Als ich vor Ort war, bat ich Herrchen mir zu zeigen, wie er Balou denn ins Auto brachte. Daraufhin schnappte Herrchen Balou und setzte ihn kurzerhand hinten auf die Ladefläche. Balou stand dort sichtlich verunsichert und hechelte stark. Herrchen berichtete mir, dass Balou während der Fahrt immer sehr stark hechelt und auch enorm sabbert. Ich bat Herrchen, Balou wieder aus dieser für ihn beängstigenden Situation zu befreien. Kaum auf dem Boden angekommen, hörte Balou auf zu hecheln.

Ich nahm Balou an die Leine und führte ihn zum Wagen. Kurz vor dem Wagen stoppte Balou und ging keinen Schritt mehr weiter. Ich setzte mich auf die Ladefläche des schnieken Autos und hielt die Leine fest. Balou konnte nun nicht mehr flüchten, es gab für ihn nur noch den Weg nach vorne. Ja, auch diese Situation war für Balou stressig, aber er näherte sich dem Auto, Millimeter für Millimeter. Er ist von alleine gegangen, ich habe ihn nicht gezogen. Als ich merkte, dass es für Balou genug war, bin ich aus dem Auto raus, habe die Situation wieder aufgelöst und Balou eine kurze Pause gegeben. Nachdem sich Balou wieder beruhigt hat, habe ich weitergemacht. Sie werden es nicht glauben, aber nach fünf Minuten sprang Balou zu mir auf die Ladefläche und legte sich neben mir hin. Herrchen stand stauend in der Einfahrt und es kullerten Tränen. Das hat er ja noch nie gemacht!

Ich wiederholte die Übung noch einige Male mit Balou. Der Bann war gebrochen, als Balou ins Auto gesprungen ist, ohne dass ich auf die Ladefläche klettern musste. Nun war Herrchen an der Reihe und auch mit ihm war das Auto kein Problem mehr. Manchmal können Hunde mit unserer Hilfe ihre Ängste sehr schnell ablegen, manchmal aber auch nicht. Je nach Verhalten des Hundes kann es geboten sein, sich weiterhin vorsichtig vorzutasten.

Bei manchen Hunden ist der Bann gebrochen, sobald sie von sich aus ins Auto gesprungen sind. So war es bei Elli. Bei Balou aber mussten wir einen anderen Weg gehen. Zunächst haben wir uns gemeinsam auf der Ladefläche aufgehalten und Balou die Zeit gegeben, dort zur Ruhe zu kommen. Der nächste Schritt war, den Kofferraumdeckel zu schließen, damit sich Balou auch an diese, wieder neue, Situation gewöhnen konnte. Weiter ging es mit dem Starten des Motors und als letztes kam die Fahrt dran. Balou hat es geschafft, seine Angst vor dem Auto zu überwinden und Herrchen genießt heute viele Wanderungen an fernen Orten mit einem Hund, der mit ihm bis ans Ende der Welt geht, auch im Auto.

Haben Hunde Angst vor Männern, und das haben sehr viele Hunde besonders aus dem Auslandstierschutz, kann es durchaus länger dauern, bis diese Ängste überwunden werden können. Viele dieser Hunde haben mit Männern sehr unangenehme Erfahrungen gemacht, bis hin zu körperlichen Schmerzen. Diese negativen Erfahrungen haben sich tief im Gedächtnis und auch in der Seele der Hunde verankert. Besonders bei dieser Arbeit gibt es nicht den einen ultimativen Weg. Hier ist es besonders wichtig darauf zu achten, wie weit kann der Hund mitgehen, wie viel kann er ertragen und vor allem, wann ist die Grenze erreicht. Es bringt nichts, einfach weiterzumachen, wenn der Hund uns deutlich signalisiert, dass seine Grenze erreicht ist. Dann macht er zu und nichts geht mehr. Ist man an diesem Punkt, ist es besser eine Pause einzulegen und später fortzufahren. Erzwingen kann man nichts und alles dauert so lange wie es dauert!

So auch bei Elli. Wir kamen immer wieder einen oder sogar zwei Schritte vorwärts, aber dann ging es auch wieder einen Schritt zurück. Bei Elli hat es fast auf den Tag zwei Jahre gedauert, bis das Eis vollends gebrochen war.

Wir bekamen eine neue Küche geliefert und hatten die Monteure im Haus. Ich überließ Elli die Entscheidung, auf welchem Platz sie mit dieser neuen Situation und den fremden Männern zurechtkam. Elli legte sich in einiger Entfernung der Monteure hin und beobachtete das Geschehen der fremden Männer aufmerksam. Ich blieb immer in ihrer Nähe, auch um zu verhindern, dass bei den Monteuren ein typisch menschlicher Reflex durchkommt. Es ist der Reflex, jeden Hund anfassen zu müssen.

Als es darum ging, die Schränke auszurichten, legte sich einer der Monteure auf den Boden stellte die Höhe der Schränke ein. Sie glauben es nicht. Auf einmal sprang Elli auf und legte sich zu dem fremden Mann und ließ sich ausgiebig knuddeln. Von da an war bei Elli das Eis gebrochen und keine Angst oder auch Unsicherheit mehr in Bezug auf Männer zu sehen. Männer waren für sie ab diesem Zeitpunkt auch nur Menschen mit zwei Händen, die streicheln können. Es war geschafft!

Bis zu diesem Zeitpunkt hatten wir gelernt, mit Ellis Angst umzugehen. Wir unterstützten sie, wenn wir merkten, dass es ihr zu viel wurde, aber wir forderten sie auch so weit, wie sie es leisten konnte. Auch hier gibt es nicht den einen Weg, den man allen empfehlen kann. Es kommt immer auf den Hund an, aber auch auf seine Menschen. Es ist immer ein Zusammenspiel von verschiedenen Stärken, Schwächen und auch Kompetenzen der unterschiedlichen Lebewesen!

Der Aufbruch

Dass sich mit Ellis Einzug alles, wirklich alles, ändern würde ahnten wir zu diesem Zeitpunkt noch nicht. Wir lebten nun mit zwei Herdenschutzhunden und den beiden Mischlingshündinnen immer noch am Rande der Stadt und der Garten war auch nicht grö-

ßer geworden. Die beiden „Dicken", wie ich sie liebevoll nannte, lagen gerne draußen. Anabel war auf Arbeit und Elli behielt die Kontrolle, immer ruhig und
souverän. Die beiden waren wirklich ein gutes Team.
Wenn es die Situation erforderte, kam ich den Hunden zu Hilfe. Ich klärte die Situation und immer war
ich es, die die letzte Entscheidung traf. So entwickelten wir uns zu einem Dreiergespann, das sich aufeinander verlassen konnte. Ich auf meine Hunde, und
die Hunde sich auf mich.

Herdenschutzhunde haben die für Menschen häufig
störende Angewohnheit gerne zu bellen, wenn sie
eine Gefahr ausmachen. Dies war weniger bei Elli der
Fall, aber bei Anabel. Sie war sehr wachsam und mel-
dete sofort, dafür wurde sie einst gezüchtet. Wir hatten damit kein Problem, aber die Nachbarschaft.
Viele Menschen kennen das, Hunde, die bellen sind

nicht erwünscht und stören den menschlichen Frieden, lärmende Autos oder am Himmel donnernde Flugzeuge aber nicht.

Wenn wir die beiden Dicken draußen beobachtet und sie in ihrer Natürlichkeit wahrgenommen haben, kam in uns eine alte Sehnsucht auf. Es war die Sehnsucht nach einem Leben auf dem Land. Ein Leben fernab jeglicher Hektik und jeglichen städtischen Treibens.

Elli liebte es, auf dem Gras zu laufen oder darauf zu liegen. Beim Gassi setzten wir uns beide gerne ins Gras und genossen diese Zeit der Ruhe. Elli döste dann gerne vor sich hin und zwang mich dadurch, auch zur Ruhe zu kommen. Gemeinsam genossen wir die Stille in der Natur. Wir konnten einfach nur sein, ohne Termine oder sonstigen Zwang von außen. Elli hat mich während dieser Zeit gelehrt, dass gemeinsames Ruhen sehr viel mehr Bindung aufbauen kann, als so mancher Agilitykurs oder unzählige Übungs-stunden. Und seien wir ehrlich. Wir finden solche seltsamen Dinge in der Hundewelt nicht.

Beobachten wir z.B. Straßenhunde sehen wir, dass sie die meiste Zeit vermeintlich nichts tun. Die meiste Zeit dösen sie vor sich hin, aber immer mit einem wachen Auge. Sie beobachten, sie wachen und manchmal verteidigen sie ihr Revier, wenn ein fremder Hund oder auch ein unbekannter Mensch dieses betreten will. Hunde teilen sich ihre Energien gut ein, das liegt in ihrer Natur. Ihre Energien benötigen sie für die Futterbeschaffung, die Jagd. Dann geben sie alles. War die Jagd erfolgreich, wird die Beute gefressen und anschließend geruht. Hunde ruhen im Schnitt 18 Stunden am Tag, manche sogar etwas mehr. Wohlgemerkt ruhen. Das bedeutet nicht, dass sie die ganze Zeit tief und fest schlafen, im Gegenteil. Dass sie fast immer auf Empfang sind, begründet ihr enormes Ruhebedürfnis. Sie arbeiten, wenn auch

nicht körperlich und das gilt besonders für Herdenschutzhunde.

Ich bin immer wieder aufs Neue erstaunt, wenn ich
Menschen sehe, die diese großen und schweren
Hunde neben dem Fahrrad laufen lassen oder über
bunt angemalte Hindernisse springen lassen. Irgend-
jemand hat wohl mal den Begriff „Auslastung" erfunden. Es ist ein Geschäftsmodell für manche Anbie-
ter:innen und der vermeintliche Rettungsanker für
viele Menschen mit schwierigen Hunden geworden.

Allein schon die Statur der Herdenschutzhunde sollte
selbst denkenden Menschen zeigen, dass Hochleis-
tungssport bei diesen Hunden fehl am Platz ist.
Schauen wir auch hier in die Natur, können wir erkennen, was Auslastung für Herdenschutzhunde wirklich
bedeutet. Sie wachen, sie schützen und wenn es sein
muss, verteidigen sie auch. Für diese Verteidigung

benötigen sie ihre Energie und ihre Kraft. Arbeiten sie in den Herden, liegen sie meist innerhalb der Herde und beobachten das Geschehen, mehr tun sie nicht.

Nähert sich die vermeintliche Gefahr, stehen sie auf und checken die Lage. Kommt jemand der Herde zu nahe, zeigen sie sich in ihrer ganzen Größe und signalisieren damit deutlich: bis hier hin und nicht weiter! Zieht sich der vermeintliche Angreifer zurück, gehen die Hunde wieder zurück auf ihre Position und es kehrt wieder Ruhe ein. Nur wenn ihre Ansage nicht verstanden wird, werden sie richtig aktiv. Klar, eindeutig und am Ende auch kompromisslos. Viele Menschen nennen es anschließend aggressiv.

Wie man da auf die Idee kommt, einen Herdenschutzhund mit völlig unsinnigen Aktivitäten auslasten zu müssen, wird sich mir nie erschließen. Mit artgerecht jedenfalls haben all diese Beschäftigungsprogramme nichts zu tun. Lassen Sie einen Herdenschutzhund bitte das tun, was er am besten kann:

Wachen und Schützen! Sind Sie präsent und Teil der „Herde", überlassen diese Hunde am Ende Ihnen die Entscheidung, so dass sie nicht verteidigen müssen. Sie treffen die Entscheidung, wer das Revier betreten darf und wer nicht. Sollte sich ein ungebetener Gast nähern, ist es an Ihnen, diesen wegzuschicken. Bitte bedenken Sie vor der Anschaffung eines Herden-schutzhundes, dass diese Hunde auf Eigenständigkeit gezüchtet wurden und es an uns ist zu lernen, mit dieser Eigenständigkeit umgehen zu können. Unter-drücken, abtrainieren oder gar rausbeschäftigen kön-nen wir diese nicht.

An dieser Stelle fällt mir James ein, ein Pyrenäen Berghund. Groß, kräftig und von stattlicher Natur. Seine Menschen hatten dasselbe Problem mit James, das viele Menschen kennen. Er ließ niemanden mehr das Grundstück betreten, geschweige denn das Haus. Als ich bei Familie Kleinschmidt ankam, war James im

Garten aber die Terrassentür war offen. Als James mich bemerkte, machte er sich sofort auf den Weg zu mir. Er kam langsam auf mich zu doch sein Ausdruck war mehr als eindeutig und eine deutliche Warnung. Ich tat, was ich in diesen Situationen immer tue und kann nur jedem empfehlen, es mir gleich zu tun. Ich blieb ruhig stehen und gab James die Möglichkeit, mich von oben bis unten abzuschätzen. Weder sprach ich James an noch machte ich Anstalten, ihn berühren zu wollen. Herr Kleinschmidt war von meinem Verhalten sichtlich beeindruckt denn er sagte: „endlich jemand der sich auskennt".

Nachdem James sich zurückgezogen und mir den Raum überlassen hatte, konnte ich mich frei bewegen. James beachtete mich nicht mehr. Nachdem wir uns gesetzt hatten, berichtete mir das Ehepaar von ihren Problemen mit James. Die Eheleute betrieben einen Pferdehof, auf dem viele Menschen ihre Pferde unterstellen konnten und daher waren auf dem Hof auch viele „Pferdemenschen" unterwegs, die ihre Pferde pflegten und auch gerne mal ausritten. Da der Hof etwas außerhalb lag, sollte James den Hof natürlich auch bewachen und das tat er. Allerdings hatte ihm niemand gezeigt, wie genau er seine Arbeit erledigen sollte. Am Ende vertrieb James jeden, der den Hof betreten wollte.

Die Familie hatte sich bereits Unterstützung geholt und es wurde ihnen geraten, James mehr zu beschäftigen und auszulasten. Sie bekamen den Rat, James jeden Tag mindestens eine Stunde neben dem Fahrrad laufen zu lassen. So sollte er zu müde zum Wachen werden.

Herr Kleinschmidt hat diesen Rat befolgt, doch das Problem blieb. Gäste mussten nach wie vor draußen bleiben.

Besonders vermisst hat die Familie eine gute Freundin, mit der sie sich nur noch aus der Ferne unterhalten konnten. Ich bat die Familie, ihre Freundin doch gleich einzuladen, damit ich ihnen den Lösungsweg direkt aufzeigen kann. Kurze Zeit später klingelte es bereits an der Tür. James lief sofort auf die Tür zu und bellte lautstark. Ich bat Frau Kleinschmidt, den Raum vor der Haustür einzunehmen, um James zu signalisieren, dass sie ihn verstanden hat und nun die Situation übernimmt. James war sichtlich über das Verhalten seines Frauchens irritiert und reagierte sofort. Er zog sich zurück und beobachtete das weitere Geschehen mit gebührendem Abstand. Nachdem Frau Kleinschmidt nun die Tür öffnen konnte, ohne dass James rausstürmte, war auch die Freundin der Familie sehr erstaunt und sagte: „Das hat er ja noch nie gemacht"! Ich bat die Freundin, die sehr verunsichert war, hereinzukommen und ruhig zu bleiben. Als sie im Haus war, bewegte sich James langsam auf die Besucherin zu und ich bat sie, ruhig stehen zu bleiben. James begutachtete die Freundin der Familie und nach kurzer Zeit hat er sich zurückgezogen und wir alle konnten uns frei bewegen. Wir sind durchs Haus und auch im Garten auf und ab gegangen.

Von James kam nichts. Er hatte sich ein schattiges Plätzchen gesucht und ging seiner Arbeit nach: dem Wachen! Kaum aber ging jemand an dem Grundstück vorbei, war es vorbei mit der Ruhe. James sprang auf und bellte, um auf die Gefahr aufmerksam zu machen. Auch hier bat ich das Ehepaar, Präsenz zu zeigen und die letzte Entscheidung zu treffen. Wir gingen also zu James, der immer noch lautstark seinen Unmut äußerte und in dem Moment, als wir uns vor den Zaun stellten, hörte James auf zu bellen. Nun bat ich Herrn Kleinschmidt, James für seine guten Job zu loben und ihm anschließend zu zeigen, wie er sich richtig verhält, dieses aber immer mit aller Ruhe.

Herr Kleinschmidt streichelte James über den Kopf und schickte ihn weg. James kam dieser Aufforderung nach und suchte sich wieder sein schattiges Plätzchen. Wir verweilten noch am Zaun und obwohl mehrere Menschen bei uns am Zaun vorbei gingen, blieb James ruhig aus seinem Platz liegen.

Dies war ein Anfang und der Beginn eines Weges für Mensch und Hund, der auch mal stolprig werden kann. Besonders bei so eigenständigen Hunden wie Herdenschutzhunden, kann es manchmal ein langer Weg sein, um in die Harmonie zu kommen, die sich so viele Menschen wünschen. Das Gute daran ist, dass die Arbeit mit einem Herdenschutzhund eine Herausforderung ist, an der man enorm wachsen kann. Viele Menschen aber geben leider vorzeitig auf, und für viele Herdenschutzhunde beginnt ein Martyrium. Sie landen in einem Tierheim in einem viel zu kleinen Zwinger, den sie einmal am Tag für wenige Minuten verlassen dürfen.

Wenn Sie sich für Herdenschutzhunde interessieren, möchte ich Ihnen die Empfehlung geben, diese vorher bei ihrer natürlichen Arbeit zu beobachten. Auch bei uns gibt es viele Hirten, die ihre Herden durch diese Hunde, die dafür lange ausgebildet wurden, bewachen lassen. Durch diese Beobachtungen können Sie sehr viel mehr lernen, als in so manchem Buch geschrieben steht. Dort lernen Sie auch was es bedeutet, einen Herdenschutzhund auszulasten und dass es vor allem Führungsqualitäten braucht, um mit diesen wunderbaren Hunden eine Gemeinschaft bilden zu können, die auf Respekt aber auch auf gegenseitigem Vertrauen beruht.

Je mehr Zeit ich mit Elli alleine auf den Feldern verbrachte und dort ihre tiefe innere Ruhe spürte, umso mehr wuchs mein Wunsch nach Veränderung. Das Leben lehrt uns, dass alles seine Zeit hat und Elli hat mich gelehrt, dass meine Zeit in der Stadt nun vorbei war. Wir haben darüber ab und an mal in der Familie gesprochen, aber ernsthaft haben wir diesen Gedanken zunächst nicht verfolgt. Nun aber war die Zeit der Veränderung gekommen und wir machten uns auf die Suche nach einem Bauernhof auf dem Land. Objekte gab es genug, aber die Preise waren astronomisch, selbst in dem bayerischen Outback. Durch meine Arbeit im Tierschutz hatte ich einige Bekannte im hohen Norden und sie unterstützten uns bei der Suche nach einem neuen Zuhause. Anfangs waren wir noch zögerlich. Wollten wir wirklich gleich so viel Veränderung und in ein anderes Bundesland ziehen?

Die Entscheidung fiel, als wir unser jetziges Zuhause fanden. Schon bei der ersten Besichtigung haben wir uns in das kleine Anwesen verliebt und alles Weitere waren nur noch Formalitäten.

Es war ein ehemaliger Bauernhof außerhalb eines kleinen Dorfes. Trotz der etwas abgelegenen Lage waren Einkaufsmöglichkeiten in der Nähe und auch die Verkehrsanbindung war gut. Für die Hunde war dieses Objekt wie geschaffen. Wir haben einen großen Teil des Grundstücks eingezäunt, so dass sie sich draußen frei bewegen können. Die erste Zeit nach dem Umzug war alles andere als beschaulich. Es gab viel zu renovieren und dadurch herrschte eine permanente Unruhe, die auch die Hunde spürten. Handwerker gingen ein und aus, die Maschinen machten Lärm und die Baustellen wanderten von einem Zimmer zum anderen. An einen geregelten Tagesablauf, den auch Hunde brauchen, war nicht zu denken und entsprechend stressig waren diese ersten Wochen für uns alle. Heute können wir sagen, der Aufwand war es wert. Auch wenn wir zwischendrin mal aufgeben wollten.

Nach all den Unruhen kehrte auch wieder Ruhe ein und der wirkliche Alltag konnte beginnen. Elli und Anabel verbrachten die meiste Zeit des Tages draußen. Anabel immer im Arbeitsmodus und Elli tiefenentspannt. Schlug Anabel an, blieb Elli ruhig. Elli hatte es gar nicht nötig, sich wegen jeder Kleinigkeit aufzuregen. Elli ließ arbeiten und schritt nur ein, wenn es wirklich geboten war. Aber auch dann in einer Ruhe und Präsenz, die ich bei einem Hund so ausgeprägt noch nicht gesehen hatte.

Ich habe sehr viel Zeit damit verbracht, Elli einfach nur zu beobachten und von ihr zu lernen. So wurde ich von einer Hundetrainerin zu einer Hundeschülerin und ich bekam den besten Lehrmeister, den ich mir nur wünschen konnte. Elli lehrte mich, dass man sich nicht wegen jedem Lüftchen aus der Ruhe bringen lassen darf und dass weniger so viel mehr ist. Vor allem aber habe ich durch Elli gelernt, Dinge so anzunehmen, wie sie sind. Was war, können wir nicht mehr ändern, aber wir können daraus lernen.

Zu Beginn habe ich noch mit dem Gedanken gespielt, an unserem neuen Zuhause eine Hundeschule einzurichten, Platz war genug vorhanden. Hätte ich diesen Gedanken in die Tat umgesetzt, wäre ich in die Falle getappt. Ich hätte lediglich die menschlichen Bedürfnisse befriedigt, aber nicht die der Hunde. Elli, oder auch meinen anderen Hunden, habe ich nie Kommandos oder Kunststückchen beigebracht. Ich wollte nie funktionierende Hunde, sondern Hunde, die mir gerne und freiwillig folgen.

Bei den Gedankenspielen um die Hundeschule fiel mein Blick immer wieder auf Elli und mehr und mehr kamen in mir Zweifel auf. Braucht es das wirklich, ist es das was Mensch und Hund wirklich benötigen? Unterordnung oder Gehorsam, Auslastung und Beschäftigung? Je mehr ich überlegte und je länger ich

Elli beobachtete, wurde die Antwort klarer. Nein, Hunde brauchen Führung und kein Training. So verwarf ich den Gedanken an eine Hundeschule und starte mit meinem eigenen Weg. Es ist der Weg, den Hunde mich gelehrt haben. Es ist der Weg der inneren Haltung!

Im Einklang mit der Natur

Nachdem wir den Winter über viel im Haus gearbeitet und viel renoviert und umgebaut haben, kam nun die Zeit des Frühlings und nichts hielt uns mehr im Haus. Die ersten wärmenden Sonnenstrahlen kamen hervor und die Natur erwachte. Für uns war das die

Zeit, den Garten nach unseren Vorstellungen zu gestalten. Auch die Hunde hielt es nicht mehr drin und wir verbrachten die meiste Zeit des Tages gemeinsam draußen. Anabel hatte Vollbeschäftigung, um unser Grundstück zu allen Seiten hin abzusichern. Elli lag meist im Schatten und die beiden Jagdhundmischlinge waren kaum zu bremsen. Sie jagten Vögel, Schmetterlinge oder auch fliegende Blätter. Keine Sorge, alle Vögel haben es überlebt. Die Hunde konnten ihre natürlichen Instinkte ausleben und es war wunderschön, dies beobachten zu dürfen. Elli war in dem ganzen Geschehen die Ruhe selbst und ich kann mit Gewissheit sagen, dass sie in sich geruht hat. Das war ihre große Stärke und diese Stärke hat ihr auch den Respekt der anderen Hunde eingebracht.

Keiner der Hunde hat es gewagt, sich zu nah zu Elli zu legen oder gar über sie drüber zu steigen. Kam ihr doch mal einer der Hunde zu nahe, genügte ein Blick von Elli und der Hund ging sofort wieder auf Distanz.

Mehr brauchte es nicht, nur ein einziger Blick und alles war gesagt.

Bei solchen Beobachtungen stellte sich mir immer wieder die Frage, wie wir auf die Idee kommen, dass wir Kommandos benötigen, um mit Hunden leben zu können? Auch wenn ich mir bis heute diese Frage stelle, bleibt die Antwort doch offen. Fast alle Menschen, von denen ich um Unterstützung gebeten werde, haben so viel wertvolle gemeinsame Zeit damit, ja fast schon vergeudet, ihren Hunden Kommandos beizubringen, die nicht ein Problem gelöst haben. Hat man einen unsicheren Hund und befiehlt ihn in einer für ihn unangenehmen Situation ins Sitz oder Platz, kann sich seine Unsicherheit sogar noch steigern, weil er in eine Position gezwungen wird, die er in dieser Situation niemals einnehmen würde. Er befolgt lediglich einen Befehl seines Menschen, der ihn mit seinen Nöten allein lässt. Befehl und Gehorsam haben noch nie Vertrauen geschaffen, im Gegenteil.

Irgendwann wird der Gehorsam verweigert und der Hund, aber auch viele Menschen, greifen zur Selbsthilfe. Es ist ganz normales Verhalten, wenn sich die Menschen weigern, die Ursachen zu erkennen.

Es wird bis heute immer noch versucht, bei Problemen die äußere Haltung der Hunde zu verändern. Obwohl der Erfolg an dieser Methode bei vielen Hunden zu wünschen übrig lässt, halten viele Menschen immer noch an der Methode „Befehl und Gehorsam" fest und nennen es Grundgehorsam. Bitte beobachten Sie Hunde und Sie werden erkennen, dass es so etwas unter Hunden nicht gibt. Kein Hund ruft ein Kommando, bringt dem gehorchenden Hund ein Leckerchen zur Belohnung oder streichelt ihm mit der Pfote über den Kopf. Und doch funktioniert das Zusammenleben unter Hunden, vielleicht aber gerade deshalb.

Ist man mit Hunden unterwegs, lernt man unweigerlich viele andere Hundemenschen kennen und kommt nach einem anfänglichen Grüßen doch irgendwann ins Gespräch. So lernten wir nach und nach unsere Nachbarschaft kennen und es entwickelten sich freundschaftliche Kontakte. Aufgrund unseres großen eingezäunten Geländes trafen wir uns regelmäßig bei uns, um gemeinsam zu grillen. Bei der Zusammenführung der Hunde gab es nie ein Problem. Ich lasse immer zuerst die fremden Hunde auf mein Gelände, damit sie die neue Umgebung erkunden können. Die erste, die von meinen Hunden dazukam, war immer Elli mit ihrer Ruhe. Elli lief raus und machte sofort klar, wer hier zuhause ist. Ihre Ausstrahlung und Souveränität wurde nie von einem Gasthund in Zweifel gezogen. Nach und nach habe ich meine anderen Hunde rausgelassen. Anabel, Amelie zu zuletzt Maya. Dies ist meine Art der Zusammenführung, weil ich meine Hunde kenne und sie einschätzen kann. Auch hier gilt, dass bei einer anderen Zusammenführung ganz anders vorgegangen werden muss.

Eines Tages bekamen wir Besuch von Menschen, deren Hunde ich noch nicht kennengelernt hatte. Es waren ein Briard und ein Hovawart-Mix und die Menschen waren in Sorge, ob das gut gehen wird. Bei der Zusammenführung hielt ich meine Vorgehensweise ein und siehe da, es gab keine Probleme und die Sorgen der Menschen waren unbegründet, wie fast immer. Viele Probleme spielen sich lediglich in den Köpfen der Menschen ab, man erlebt es immer wieder. Auch wenn mit einem Hund eine Begegnung problematisch war, kann eine Begegnung mit einem anderen Hund ganz anders und vor allem friedlich verlaufen. Befreien wir uns aus unseren negativen Gedanken und haben wir Vertrauen, vor allem in unsere Hunde. Wir wissen einfach nicht, was passieren wird.

Als wir in vertrauter Runde zusammensaßen und die Hunde entspannt im Gras lagen, fuhr ein Auto in unsere Einfahrt und ein bekanntes Ehepaar stieg aus. Meine Herdenschutzhündin Anabel hat die Besucher:innen sofort gemeldet und was anschließend passierte, war eine weitere Lehrstunde in hündischem Verhalten.

Elli, Anabel, Amelie und die zwei Gasthunde liefen zum Hoftor und brachten sich in Position. Sie arbeiteten im Team, obwohl ihnen das niemand gelernt oder antrainiert hat. Sie handelten instinktiv und jeder Hund nahm die Position ein, die die Natur für ihn vorgesehen hatte. Elli ließ wie immer arbeiten, sie reihte sich hinten ein und behielt den Überblick.

Das sind Verhaltensweisen und Instinkte, die unsere Hunde tief in sich tragen und die fest zu ihrem Wesen gehören. Solche Momente können uns zeigen, was Hunde wirklich brauchen und was Auslastung wirklich bedeutet. Es bedeutet, sie sein zu lassen wie sie sind und ihnen auch die Möglichkeit zu geben, ihre Veranlagungen und auch ihre Stärken ausleben zu können.

Nachdem die Hunde ihren Job gemacht und uns bestens abgesichert haben, bin ich zu den Hunden hin, habe sie für das Melden gelobt und sie anschließend gebeten, den Raum wieder freizugeben. Warum? Dies war der Moment für die Hunde zu erkennen, dass ich ihre Warnung verstanden habe und nun die Situation übernehme. Vor allem aber, dass ich die Entscheidung treffe, ob diese Menschen reinkommen dürfen oder nicht. In diesem Falle war es ein Ja und die Hunde haben es akzeptiert. Sie haben sich zurückgezogen und die Besucher:innen konnten eintreten. Das ist mein Verständnis von einem Miteinander, bei dem der Hund in seiner Natürlichkeit bewahrt und vor allem respektiert wird.

Hundetrainerin Elli

Ein großes Problem für viele Menschen bei den Gassirunden sind Hundebegegnungen und spätestens hier zeigt sich die Unsinnigkeit von Kommandos.

Kommt ein anderer Hund auch nur in Schichtweite, ist der eigene Hund, und meist auch der entgegenkommende Hund, nicht mehr zu bremsen. Die Hunde hängen laut bellend oder zähnefletschend in der

Leine und der Mensch hat keinen Einfluss mehr auf seinen Hund. Anstatt Ruhe zu bewahren und seinem Hund in dieser auch für ihn stressigen Situation eine Hilfe zu sein, steigt der Mensch in dieses Chaos mit ein. Lautstark ertönt aus aller Munde: Aus! Nein! oder noch besser „hör auf du blöder Köter"! An der Leine wird gezerrt und geruckelt und es ähnelt eher einem Kampf mit dem eigenen Hund.

Wenn ich bei Problemen mit Hundebegegnungen um Unterstützung gebeten wurde, habe ich häufig Elli mitgenommen. Mit ihrer Ruhe und Souveränität war sie nicht nur mir eine große Hilfe. Elli hat jeden aufmüpfigen Hund, egal ob Rüde oder Hündin, meist durch ihre unvergleichbare Präsenz und ihre klare Ausdrucksweise zur Räson gebracht. Nur wenn ihr Gegenüber sie partout nicht respektieren wollte, wurde sie aktiv durch eine innere Haltung, die ihre äußere Haltung bedingte. Jeder Hund hat diese Ansage sehr schnell verstanden und sich zurückgezogen. Viele Menschen waren zu Beginn sehr erstaunt, wie schnell sich der eigene Hund beruhigte und Elli keines Blickes mehr würdigte, sondern entspannt neben ihr herlief, nachdem sie die Fronten geklärt hatte.

Wir können so viel von unseren Hunden lernen, wenn wir mit ihnen leben und ihre Natur achten, anstatt sie um jeden Preis verbiegen und sie uns anpassen zu wollen. Sehen wir Hunde als Lehrmeister, steht uns eine völlig neue Welt offen. Eine Welt der Einfachheit aber auch der Klarheit. Klarheit in der Kommunikation und Einfachheit des Lebens. Es ist eine Welt, die uns viel Stress nehmen und viel Lebensqualität geben kann. Sind wir mit uns im Reinen, ist bereits sehr viel erreicht, um unseren Hunden ein verlässlicher Partner sein zu können. Ein Mensch, der ständig auf der

Suche ist, vor sich selbst wegläuft und nie bei sich ankommt, wird auch mit seinem Hund einige Probleme haben. Hunde spüren die inneren Konflikte ihrer Menschen sofort und reagieren entsprechend. Leider werden sie häufig nicht verstanden.

Es gehört zu unserem Alltag dazu, dass es mal stressig wird und Hunde können sehr gut damit umgehen. Wird dies aber ein Dauerzustand, sollte man die Schuld nicht bei dem Hund suchen, der seinem Menschen immer wieder mitteilt, dass er zur Ruhe kommen soll. Durch Elli habe ich gelernt, rechtzeitig zu erkennen, wann eine Grenze überschritten ist. Woran ich das erkannt habe, kann ich nicht sagen, es war ein Bauchgefühl, weil Elli zu solchen Zeiten irgendwie anders war. In diesen Momenten habe ich für mich die Reißleine gezogen und habe es gemacht wie Elli. Die Welt mal abschalten und einfach nur im Hier und Jetzt verweilen. Ich kann Ihnen versichern, dass man das lernen kann. Besonders in unserer hektischen Welt ist es mehr als vonnöten, dass man mal aussteigt und sich wieder auf seine wahren Stärken besinnt.

Besonders bei der Arbeit mit Kindern war mir Elli eine große Hilfe, weil sie nicht so schnell aus ihrer Ruhe zu bringen war. Elli hat den Kindern viel über Hunde gelehrt, über ihr Verhalten und vor allem ihre Körpersprache. Ich habe nur übersetzt. Elli hat aber auch den Kindern deutlich ihre Grenzen aufgezeigt, wenn diese es an dem gebotenen Respekt mangeln ließen. Eine Gefahr ist von Elli nie ausgegangen, weil auch die Kinder Ellis „Stopp" sofort verstanden haben und sich langsam und ruhig von ihr entfernt haben. Ja, auch Kinder verfügen noch über ihre natürlichen Instinkte und handeln nach diesen. Leider ist für Natürlichkeit kaum noch Platz in unserer Welt und alles und jeder muss sofort und ohne Wenn und Aber funktionieren, wie andere es wollen. Auch unsere Kinder werden in

Situationen hineingezwängt, die sie selbst meiden würden oder in Berufe gedrängt, die so gar nicht zu ihrer Kompetenz passen. Auch hier fehlt oft das Vertrauen der Eltern in ihre Kinder und der Mut, Kinder ihren Weg gehen zu lassen.

Stattdessen werden wir darauf gedrillt, den Normen der anderen zu entsprechen und geben dies an unsere Kinder weiter. Bereits in der Schule beginnt dieser Irrweg. Bei Schulklassen von bis zu 30 Kindern oder mehr ist für Individualität kein Platz mehr. Die Kinder müssen funktionieren und den Unterrichtsstoff durcharbeiten. Lehrer protestieren leider nicht gegen diesen falschen Weg. Sie haben ihren festen Job, meist verbeamtet, und den wollen sie behalten. Ein Hund, der sich gegen die aufgestellte Norm seiner Menschen auflehnt, findet sich häufig in einem Tierheim wieder und ein Lehrer, der dem System widerspricht, wird strafversetzt.

Von Elli habe nicht nur ich, sondern auch viele meiner Kund:innen gelernt, sich immer selbst treu zu bleiben und seinen eigenen Weg zu gehen. Um diesen zu finden, muss man den Mut haben, auch mal Fehler zu machen und sich erlauben, auch Umwege beschreiten zu dürfen. Dürfen deshalb, weil auch diese lehrreich sein können. Auf Umwegen können wir lernen, was wir nicht wollen und wo unser wirkliches Ziel ist. Unser ganzes Leben ist ein Prozess des Lernens. Wer sagt, dass er bereits alles weiß oder kann, belügt sich selbst. Bei Menschen mag dies funktionieren, bei Hunden aber nicht. Hunde können wir nicht belügen oder ihnen etwas vormachen. Sie blicken in unser Innerstes und was wir Fehlverhalten nennen, ist einfach nur die Wahrheit.

Dies ist eine Erkenntnis, die mir Elli mit auf meinem weiteren Lebensweg gegeben hat. Ich dachte ich wüsste schon alles über Hunde und muss zugeben, ich wusste das, was andere wollten das ich weiß. Ich wusste das, was Wissenschaftler:innen meinten, durch Beobachtungen herausgefunden zu haben. Wir alle wissen, wie häufig sich die wissenschaftlichen Erkenntnisse wieder ändern und wir dadurch lediglich Modellen und Vermutungen hinterherlaufen, die nach kurzer Zeit wieder obsolet sind. Die Wahrheit finden wir in der Realität, durch selbst beobachten und auch ausprobieren.

Hunde lesen keine Bücher und vertrauen auch nicht auf TOP Expert:innen. Sie vertrauen auf ihre uralten Instinkte und sind dadurch gut über die Jahrhunderte gekommen. Auch wenn die Menschen sich auf das Äußere fixieren und immer neue Methoden kreieren, bleiben Hunde in ihrem Inneren immer noch Hunde. Dieses wichtige Überlebensinstrument hat der Mensch noch nicht geschafft, ihnen abzuzüchten und das ist gut so.

Elli hat mich gelehrt, wieder mehr auf meinen Bauch und weniger auf all das angelesene, theoretische Wissen zu achten. Es gibt Situationen, in denen man schnell reagieren muss und keine Zeit bleibt, um lange zu überlegen, auf welcher Seite man was gelesen hat. Beobachten wir Hunde, sehen wir genau das. Konflikte werden im Bruchteil einer Sekunde geklärt: klar, eindeutig und manchmal auch kompromisslos.

Elli hat mir mit auf meinen Weg gegeben, manche Dinge zu akzeptieren so wie sie sind und dass man nicht alles ändern kann und auch nicht muss. Häufig lösen sich vermeintliche Probleme allein dadurch, dass man akzeptiert, was ist. Besonders wenn man mit Hunden, aber auch ihren Menschen arbeitet, kann man nichts erzwingen. Auch wenn wir gerne alles normen, und dadurch in Zwänge stecken wollen, bleibt doch jedes Lebewesen individuell und manchmal auch speziell. Durch den Weg, den ich mit Elli zurückgelegt habe, habe ich erkannt, dass jeder nur in seinem Tempo gehen kann. Der eine etwas schneller, ein anderer etwas langsamer. Am Ende aber kommen alle ans Ziel, und darauf kommt es an.

Elli war aber auch eine Herzensbrecherin. Ich erinnere mich noch gut an ein Seminar, welches ich im Sommer gehalten habe. Das Seminar war mit fünfzehn Teilnehmerinnen, ja es waren nur Frauen anwesend, ausgebucht. Es war ein herrlicher Sommertag und den Außenbereich hatten wir für die Pausen hergerichtet. In der Mittagspause habe ich meine Hunde rausgelassen und Elli erkannte sofort ihre Chance auf Dauerstreicheln. So viele Menschen mit noch mehr Händen war für Elli das Paradies auf Erden. Anabel in ihrer Unsicherheit habe ich an die Leine genommen, was ihr sehr geholfen hat. Für einen Herdenschutzhund im Arbeitsmodus war dies eine Ausnahmesituation, in der sie meine Unterstützung benötigte und die ich ihr gerne gewährte. Hund ist eben nicht gleich Hund.

Meine Seminarteilnehmerinnen waren von Elli mehr als begeistert und kamen ihrer Aufforderung zum Streicheln gerne nach. Nach einer Stunde war die Mittagspause vorbei und ich bat die Damen, die sich bei uns im Garten verteilt hatten, wieder in den Seminarraum. Allerdings fanden sich nur wenige ein und ich ging auf die Suche. Sie saßen draußen in der Wiese, versammelt um eine Elli, die gar nicht genug der Aufmerksamkeit bekommen konnte. So eine Hündin, noch dazu Herdenschutzhündin, hatten sie noch nie erlebt und alle waren begeistert von Ellis einzigartigem Wesen.

Nichtsdestotrotz konnte ich das Seminar fortsetzen und Elli war noch lange ein Thema, denn auch die Teilnehmerinnen spürten, dass Elli anders war und wollten mehr über diese wundervolle Hündin erfahren.

Normal – was soll das sein?

Wie oft denken oder hören wir „Das ist nicht normal"
oder „Normal ist das nicht" und sind dementsprechend verunsichert. Selbst dann, wenn wir mit uns
und unseren Hunden im Reinen sind.

Durch dieses „nicht normal" sein, habe ich einen wunderbaren Menschen kennengelernt und aus einem anfänglichen beruflichen Kontakt hat sich eine enge Freundschaft entwickelt.

Begonnen hat es mit der Labradorhündin Stella. Stella war nicht normal, so jedenfalls das Urteil des Umfelds von Andrea. Stella zog an der Leine, bellte alles und jeden an und war auch im Haus außer Rand und Band. Mehrmals hatte sie ihre Menschen bereits verletzt und eine Trennung stand im Raum.

Als ich Stella und ihr Frauchen Andrea kennenlernte, waren beide in einer Ausnahmesituation. Stella war führungs- und orientierungslos und Frauchen verzweifelt. Nachbarn und Familie machten Andrea teils schwere Vorwürfe, weil sie ihren Hund nicht im Griff hatte, wie man so schön sagt. Als wir uns das erste Mal trafen, griff Stella auch mich an und mir war klar, dass dies ein wenig schwieriger werden könnte. Wie immer blieb ich ruhig und gab Stella die Gelegenheit, wieder runterfahren zu können was sie auch tat. War dieses Verhalten nicht normal? Aus Sicht des Hundes schon, Stella lehnte sich gegen die Führung auf.

Dieses Verhalten können wir bei vielen Hunden beobachten, die gelernt haben, selbstständig und grenzenlos ihr Ding zu machen. Frauchen stand teilnahmslos daneben und fing an zu weinen. Sie war am Ende ihrer Kräfte und wusste nicht, wie es weitergehen soll. Um Stella zu halten, fehlte ihr die körperliche Kraft und mittlerweile auch die psychische. Wir haben lange geredet, denn meist ist man als Hundetrainerin auch Therapeutin. Wie so oft liegen die wirklichen Probleme, die wahren Ursachen meist ganz woanders, als man meint. Andrea war mittlerweile so weit, dass sie nicht mehr an sich geglaubt hat. Zu verletzend waren die Vorwürfe von Menschen, die meinten zu wissen, was normal ist und wie sich Mensch und Hund zu verhalten hätten. Steht ja alles in Ratgebern und selber beherrscht man alles in

Perfektion. Die Erfahrung aber lehrt uns, dass es hinter verschlossenen Türen meist anders aussieht. Trotzdem lässt man sich immer wieder von gut gemeinten Ratschlägen verunsichern, verlässt seinen Weg und verliert sein Ziel aus den Augen. Hauptsache man entspricht den Erwartungen der anderen.

Auch das ist eine Lektion, die ich von Elli lernen durfte. Es ist mein Leben und nur ich kann es leben. Um zu einer inneren Zufriedenheit zu gelangen, muss man die Erwartungen der anderen ignorieren, so wie Elli es getan hat. Was mir wichtig ist, was ich wie erreichen möchte und auch kann, kann ich nur in mir finden. Das Wichtigste dabei ist, immer authentisch zu bleiben und sich nicht verbiegen zu lassen.

Natürlich bedeutet das nicht, rücksichtslos seinen Weg zu gehen, ohne Rücksicht auf Verluste vorwärts zu marschieren. Es bedeutet, seiner Überzeugung und seiner inneren Haltung immer treu zu bleiben.

Um einen Markt zu bedienen, wäre es ein leichtes gewesen, eine Hundeschule zu eröffnen und auf der Welle anderer mitzuschwimmen. Hätte ich dies aber gemacht, hätte ich entgegen meiner Überzeugung gehandelt und meine Authentizität verloren. Wenn man nicht voll und ganz hinter dem steht, was man tut, wird man über kurz oder lang scheitern. Und Hunde spüren es sofort, wenn man nicht authentisch ist.

Wir alle haben in unserem Leben häufig schon gehört „Das ist nicht normal, normal tut man sowas nicht" oder „Ihr Hund verhält sich nicht normal". Aber wer sagt uns denn, was normal ist, wie man sich wann zu verhalten hat? Die Politik, die Gesellschaft, die Industrie oder gar die Eliten, die uns immer wieder eine neue Normalität aufzwingen wollen.

Vor einigen Jahren war es noch völlig normal, dass man von seiner Hände Arbeit vernünftig leben konnte. Heute ist es für uns als genormte und anständige Bürger normal, für einen Lohn zu malochen, der kaum noch zum Leben reicht. Für die Kinder war es bis vor wenigen Jahren noch völlig normal, sich im Schlamm zu wälzen oder durch den Wald zu streifen. Wind und Wetter spielten dabei keine Rolle, denn die Eltern wussten, wie Kinder ihr Immunsystem stärken konnten. Es war der Kontakt mit der Natur und die Eltern sind nicht in Ohnmacht gefallen, wenn die Kinder schmutzig nach Hause gekommen sind. Sie haben sich über die strahlenden Augen ihrer Kinder gefreut.

Eine findige Industrie hat die Normen durch ständige Medienmanipulation immer wieder geändert. Alles, was natürliches Leben ausgemacht hat, wurde mehr und mehr zu einer Gefahr stilisiert und die Ängste der mehr und mehr verunsicherten Eliten geweckt. Ein Kind allein im Wald könnte sich verletzen oder sich gar vergiften, wenn es etwas Sand verschluckt. Dass gerade diese Dinge die Abwehrkräfte der Kinder stärken, wurde verdrängt.

Die Normen wurden mittlerweile so weit geändert, dass Kinder heute häufig vor Spielekonsolen vereinsamen und der beste Freund das Handy ist. Ein Kind, das nicht geschniegelt und gebügelt durch die Straßen läuft gilt als ungepflegt und tobenden Kindern wird ADHS attestiert und die passende Pille gleich dazu geliefert.

Verhaltensregeln finden wir allerorten und der genormte Mensch wird doch immer wieder in die Falle des Unnormalen tappen. Sich ständig ändernde Regeln, Vorschriften und Gesetze schränken die Individualität mittlerweile dermaßen ein, dass kaum noch Luft zum Atmen bleibt. Irgendetwas an Taten oder Verhalten könnte als nicht normal gewertet und geahndet werden. Es verwundert daher nicht, dass sich

immer mehr Menschen völlig verunsichert zurückzie-
hen und vereinsamen.

Auch unsere Hunde wurden genormt. Expert:innen
und Wissenschaftler:innen geben vor, wann ein
Hund sich normal verhält und wann nicht. Alles
wurde dabei an der genormten menschlichen Gesellschaft gemessen und das Wesen der Hunde hat sich
diesen Erkenntnissen unterzuordnen. So hat der
Mensch festgelegt, dass ab 22 Uhr Nachtruhe zu
herrschen hat und dies gilt auch für die Hunde. Ein
Hund hat nach dieser Zeit die Klappe zu halten, an-
sonsten gibt es Ärger mit dem Ordnungsamt. Dass so
manche Menschen auch spät abends mehr Lärm machen als ein bellender Hund, wird dabei nicht berücksichtigt.

Desweiteren hat ein Hund an der lockeren Leine zu
laufen und jagen geht nunmal gar nicht. Autofahren

müssen die Hunde in unserer mobilen Zivilisation ebenso aushalten wie jeden Besucher, der das Haus betritt. Freuen darf sich der Hund aber ja nicht anspringen. Entspricht ein Hund nicht all diesen Normen, nennt man ihn verhaltensauffällig. Der Mensch will es so und damit basta!

In dieser normalen Erwartungshaltung wird meist übersehen, dass Hunde die menschlichen Normen nicht kennen und immer noch wie Hunde reagieren und sich wie Hunde verhalten. Dazu gehört auch, dass sie weder die Uhrzeit kennen noch irgendeinen Erziehungsratgeber gelesen haben. Brauchen sie auch nicht, sie haben ihre hervorragenden Instinkte.

Jagen, bellen, wachen, schützen und auch verteidigen ist aus Sicht der Hunde völlig normal, nur für die Menschen nicht. Diese fühlen sich in ihrer genormten Komfortzone gestört und schicken den Hund ins Bootcamp. Der nicht nach den menschlichen Normen funktionierende Hund braucht eine Resozialisierung, um in unser gesellschaftliches Raster zu passen.

Bei allen Normen wird eines außer Acht gelassen. Mensch und Hund sind Lebewesen mit verschiedenen Stärken, Schwächen und auch Kompetenzen. Nicht jeder kann alles und für manche Dinge sind Mensch und Hund absolut talentfrei. Mensch ist nicht gleich Mensch und Hund ist nicht gleich Hund.

Dieses Hineinpressen in die gesellschaftlichen Normen überfordert mehr und mehr Menschen und auch ihre Hunde. Die Erwartungen der anderen sind hoch, werden immer höher und fordern über kurz oder lang ihren Tribut, man nennt es „verhaltensauffällig".

Wer es immer nur den anderen recht machen will, um der Norm zu entsprechen und um nur nicht aufzufallen oder anzuecken, verbiegt sich und verliert am Ende sich selbst. Wer seinen Hund nach den vorgegebenen Normen formen will, wird eventuell einen gehorsamen Hund bekommen, aber auch einen gebrochenen Hund. Das wahre Wesen seines Hundes wird der Mensch nie kennenlernen. Genormte Lebewesen mögen funktionieren, sie werden aber niemals sie selbst sein. Sie bauen häufig eine Frustration auf, die sich irgendwann ihren Ausweg suchen wird. Man nennt es anschließend Problemverhalten.

Eine Gemeinschaft braucht Regeln und auch Grenzen, die Orientierung geben und ohne gegenseitige Rücksichtnahme ist ein friedliches Zusammenleben kaum möglich.

Wer aber immer nur der Norm der anderen entsprechen will, wird sich selbst niemals finden und immer nur neidisch auf diejenigen blicken, die es gewagt haben, sich den gesellschaftlichen Zwängen zu entziehen und ein Leben zu leben, das sie das ihre nennen.

Seien Sie immer Sie selbst und lassen Sie Ihren Hund auch mal Hund sein, auch wenn es nicht immer in den Augen anderer als normal erscheint und Sie so manche schiefe Blicke erreichen werden. Vielleicht sind diese Blicke aber auch eine Bewunderung für Ihren Mut, den diese Leute niemals aufbringen werden. Sehen Sie genau hin.

Glückliche Menschen werden glückliche Hunde haben, auch oder gerade deshalb, weil sie nicht der Norm entsprechen. Glück und Zufriedenheit kann man nicht normen, auch wenn die Werbung uns etwas anderes einreden will.

Hunde und Menschen sind niemals in eine Form pressbar. Jeder ist auf seine Art und Weise einzigartig und auch besonders. Wir können voneinander lernen und aneinander wachsen, wenn wir uns gegenseitig achten und über so manche vermeintliche Schwäche des anderen hinwegsehen. Akzeptieren wir, dass nichts und niemand perfekt ist und dass das auch gut so ist.

Hunde haben sich Menschen als Sozialpartner zu einer Zeit ausgewählt, als es noch normal war, sich auf seine Instinkte und seinen gesunden Menschenverstand zu verlassen und sich dadurch das gemeinsame Überleben sichern konnte.

Heute suchen sich viele Menschen Hunde als Sozialpartner, weil sie in der genormten sozialen Einsamkeit nicht mehr zurechtkommen und Unterhaltung brauchen.

Dass Hunde diesem Anspruch nicht gerecht werden können, liegt auf der Hand. Sie können uns aber auf unserem Weg zur eigenen Normalität begleiten und unterstützen, auch wenn man dabei manchmal die gesellschaftlichen Normen verlassen muss. Dieser

Weg ist nicht immer einfach, aber es lohnt sich, ihn zu gehen.

Das ist die große Lehre, die Elli mir mit auf meinem Weg gegeben hat: Sei immer du selbst. Nur dann bist du echt, nur dann bist du du und nur dann wirst du akzeptiert und respektiert! So wie Elli!

Elli und die kleinen Hunde

Auch Menschen mit kleinen Hunden wenden sich häufig an mich, mit der Bitte um Unterstützung. Und ich muss zugeben, dass auch ich hin und weg bin, wenn ich einen Chihuahua, Malteser oder Cavalier King Charles sehe. Gezüchtet wurden diese Hunde, um unser Herz und vor allem unseren Geldbeutel zu öffnen. Bedient wird sich mit dem allseits bewährten Kindchenschema: große Augen, die aus einem viel zu kleinen Kopf quellen, aber deren Blick uns alle

schwach werden lässt und unseren Beschützerins-
tinkt aktiviert. Lässt das Interesse potentieller
Kund:innen nach, werden neue Rassen kreiert. Sie
werden Modehunde genannt. Nach wie vor steht die
französische Bulldogge ganz hoch im Kurs und lässt
die Kassen der Züchter:innen klingeln. Eine der neuesten Kreationen ist der Tea Cup Pudel, der rasenden
Absatz bringt.

Für diese Hunde aber bedeutet ihr Dasein meist häufig viel Leid, denn der Optik musste die Gesundheit
weichen. Alles kann man nunmal nicht berücksichtigen. Auch wenn viele Menschen anfangs noch skeptisch sind, schmelzen die Bedenken dahin, sobald
man solch ein niedliches Geschöpf auf dem Arm hält.
Das wissen auch die Züchter:innen und drücken den
Menschen daher gerne schnell einen Hund in den
Arm. Spätestens in diesem Moment schmilzt die Ver-
nunft dahin.

Auch wenn die Menschen zu Beginn noch motiviert sind, werden viele schnell schwach und aus dem kleinen Hund wird ein Baby, ein Kind das ständig geherzt und vor den Gefahren der Welt beschützt werden muss.

Übersehen wird dabei allzu häufig, dass auch kleine Hunde einfach nur Hunde sind. Führung, Regeln aufstellen und Grenzen setzen sucht man in dieser Beziehung meist vergebens. Stattdessen werden die kleinen Hunde mit Menschenliebe überschüttet und sich mit ihren hündischen Bedürfnissen selbst überlassen.

Die Industrie hat schnell ihre Chance gewittert und einen neuen Markt geschaffen, die Verniedlichung der kleinen Hunde. Wenn ihr hündisches Aussehen noch nicht ganz in die vom Menschen gewünschte Puppenwelt passt, werden diese Hunde verkleidet. Sie bekommen Strampelanzüge, Tütü oder Clownkostüme übergestülpt. Mützen gibt es in allen Variationen und die dazu passenden Schuhe gleich mit. Das Angebot ist schier unendlich.

Alle haben Freude an dem lustigen Aussehen dieser niedlichen Geschöpfe. Bei aller Liebe (zu wem eigentlich) wird dabei nicht bedacht, dass diesen Hunden ihre Identität und ihre natürliche Kommunikation genommen wird. Diese Hunde können sich ihren Artgenossen nicht mehr mitteilen und werden daher häufig Opfer von Angriffen durch andere Hunde – ausgelöst durch den liebenden Menschen. Sie werden auf den Arm genommen, in exklusiven Tragetaschen als Accessoire durch die Stadt getragen oder im Kinderwagen vor der bösen Welt beschützt.

Gerne werden sie von oben herab in Babysprache angesprochen und von vor Entzückung jauchzenden Menschen respektlos betatscht. Auf dem Arm von Herrchen oder Frauchen oder im Designertäschchen haben diese Hunde kaum noch die Möglichkeit, ihre

Körpersprache einzusetzen und dem „Angreifer" zu signalisieren: „Geh weg!". Stattdessen freuen sich die Menschen über die Aufmerksamkeit, die ihnen durch den süßen Hund zu Teil wird.

Knurren die verängstigten Hunde oder fletschen sie die Zähne, werden diese deutlichen Warnungen geflissentlich von den Halterinnen oder Haltern, aber auch den streichelwütigen Passant:innen, übersehen. Einmal süß, immer süß!

Dass diese kleinen Hunde die Situation als bedrohlich empfinden, Stress haben und der, aus ihrer Sicht, Gefahr hilflos ausgeliefert sind, kommt den Wenigsten in den Sinn. Ein natürliches Verhalten wie Vermeidung oder Flucht ist den Hunden unmöglich. Was diesen geplagten Hunden in solchen Situationen bleibt, ist nur der Weg nach vorne. Man nennt es anschließend Aggression.

Mit der Süße ist es erst vorbei, wenn der kleine Hund schnappt und die Liebe spendende Hand verletzt. Was folgt sind meist Schimpftiraden und nicht selten wird der Hund mit Missachtung gestraft. In Fachkreisen nennt man dies ignorieren.

Käme wirklich jemand auf die Idee, z.B. einen Schäferhund durch die Gegend zu tragen oder diesen von jedem ungefragt anfassen zu lassen? Ich hoffe nicht. Auf die gesundheitlichen Belange und welches Martyrium solche Modehunde häufig vor sich haben, möchte ich an dieser Stelle nicht eingehen. Dies sollte hinlänglich bekannt sein.

Auch zu mir kommen Menschen mit ihren kleinen Hunden. Eine Zusammenarbeit verweigere ich nicht, im Gegenteil. Ich freue mich, wenn ich den Hunden und ihren Menschen wieder ein Stück Natürlichkeit näherbringen kann.

Einer dieser Kunden war der kleine Chico mit seinem Frauchen Helena. Als Helena aus ihrem Wagen stieg, musste ich ein wenig schmunzeln. Sie nahm Chico aus seiner Box und hielt ihn sofort auf ihrem Arm. Ich konnte nicht umhin, Helena zu fragen, ob mit Chicos Beinen etwas nicht in Ordnung war. Sie schaute mich fragend an und wusste im ersten Moment nicht, was sie mir entgegnen sollte. Also bat ich sie reinzukommen und ich bemerkte ihre Unsicherheit. Auf meinem Gelände angekommen, trug Helena den kleinen Chico immer noch auf ihrem Arm und machte auch keine Anstalten, ihn auf den Boden zu setzen. Chico war sichtlich unruhig und Helena konnte ihn kaum halten. Daher bat ich sie, Chico doch freizugeben. Ich bemerkte, wie zögerlich sie meiner Bitte nachkam.

Kaum auf dem Boden angekommen, drehte Chico aufgeregt seine Runden, es gab viel für ihn zu erkunden. Als ich Chico beobachtete, kam die Fragen aller Fragen. Helena wollte wissen, ob ich meine Hunde auch rauslasse und ich sagte, ja natürlich. Merklich durchfuhr Helena ein Schreck und ich versuchte sie zu beruhigen, in dem ich ihr sagte, dass es alle nur Hunde sind. Nur eben die einen ein wenig kleiner und andere ein wenig größer. Helena aber fühlte sich nicht wohl, das war deutlich zu spüren und auch zu sehen. Ich bat Helena sich hinzusetzen und kochte uns erstmal einen Kaffee. Süßigkeiten sollen ja eine beruhigende Wirkung auf manche Menschen haben. Also bot ich Helena zusätzlich Kekse als Nervennahrung an. Während Frauchen ein wenig abgelenkt von den Geschehnissen war, holte ich meine Elli raus. Der kleine Chico wollte sich Elli sofort nähern, doch sie hat ihm deutlich seine Grenze aufgezeigt und Chico verstand sofort. Er stoppte unverzüglich und hielt einen gebührenden Abstand zu meiner Elli ein. Helena kam aus dem Staunen gar nicht mehr raus und mehr und mehr verlor sie ihre Anspannung. Auch wenn

Chico einen auf „dicke Hose" machte, war sehr deutlich zu beobachten, was für ein unsicherer Bursche er im Grunde war.

Als nächstes holte ich meine Anabel dazu und wir erlebten dasselbe Schauspiel. Auch Anabel zeigte Chico deutlich, wo seine Grenze war und was er zu tun hatte. Ruhe zu geben und meinen „Dicken" nicht auf die Nerven zu fallen und Chico kam dieser Aufforderung nach.

Er legte sich zu uns auf die Terrasse und beobachtete meine Hündinnen nur noch aus der Ferne. So einfach kann es sein, wenn man in seiner Kommunikation klar und eindeutig ist. Mit Sprache hat das nichts zu tun, sondern mit einer klaren Haltung.

Sommer mit Elli

Nachdem wir unser Haus umgebaut, den Garten nach unseren Bedürfnissen angelegt hatten und die Temperaturen langsam nach oben gingen, war es an der Zeit, wieder einen Gang runterzuschalten und sich an dem Erreichten zu freuen.

Wenn ich eines von Elli gelernt habe, dann ist es, jeden Moment zu genießen und aus jeder Situation das Beste zu machen.

Mit jedem Tag wurde es ein wenig wärmer und Ellis Aktivitäten, die sie ohnehin gut dosiert hat, wurden immer weniger. Mit jedem Grad mehr, bewegte sich wieder ein Stück weniger. Wir hatten uns eine sog. Beach-Area gebaut, manche nannten es einen Sandkasten. Nun, wenn wir Kinder zu Besuch hatten, war es tatsächlich ein Sandkasten. Für uns aber war es unser kleines Stück Strand und mit einem Strandkorb dazu, war es für uns tatsächlich eine kleine Urlaubsinsel. Abends haben wir gerne über der Feuerschale gegrillt und dort so manche Nacht verbracht.

Elli liebte den Sand, besonders hinter dem Strandkorb. Dort kam keine Sonne hin und der Sand war daher immer angenehm kühl. Elli lag dort eigentlich den ganzen Tag. Ab und an legte sie sich doch in die

Sonne, um sich wieder ein wenig aufzuwärmen. Wasser hatten wir an fast jeder Ecke stehen, so dass zu jeder Zeit genügend kühlendes Wasser für die Hunde vorhanden war. Elli liebte das Wasser und nur für sie haben wir einen kleinen Pool aufgestellt. Regelmäßig hat sich Elli dort Abkühlung verschafft, um sich aber gleich wieder in den Sand zu legen und weiter zu dösen.

Viele Menschen sind während dieser Jahreszeit um die Auslastung ihrer Hunde besorgt, doch ich kann Sie beruhigen.

Beobachten wir Hunde sehen wir, dass sie ihre Aktivitäten bei steigenden Temperaturen auf ein absolutes Minimum reduzieren. Im Sommer gehen sie in den Energiesparmodus. Dazu gehört auch, dass sie weniger oder manchmal auch gar nichts fressen, da auch ihr Energiebedarf dementsprechend reduziert ist. Es ist ganz normales, und vor allem natürliches Verhalten. Auch wir Menschen fühlen uns an heißen

Tagen müde und schlapp. Doch anstatt auf unseren Körper zu hören, machen wir weiter wie immer. Es kommt nicht von ungefähr, dass an heißen Tagen mehr Menschen sterben als im Durchschnitt. Wir haben es verlernt, auf unseren Körper und seine Signale zu achten. Anstatt, so weit wie möglich, es den Hunden gleich zu tun machen wir immer weiter, ohne Pause.

Auch unseren Hunden wollen wir ihre sommerliche Ruhe nicht gönnen. Immer wieder sieht man Menschen, die ihre Hunde während der Mittagszeit am Fahrrad laufen oder sie neben sich her joggen lassen. Wirklich erstaunt bin ich allerdings, wenn ich Hundeschulen sehe, die bei 30 Grad im Schatten ihren Gassikurs in der prallen Sonne abhalten. Die Menschen haben sich ein wenig mit Hüten oder Schirmen geschützt, die Hunde aber sind der Sonne schutzlos ausgeliefert. Kein Hund würde so etwas freiwillig tun und Freude haben sie daran sicher nicht, im Gegenteil!

Haben Sie bitte keine Sorge, dass ihr Hund in eine tiefe Depression fällt, wenn Sie die gemeinsamen Aktivitäten ein paar Tage reduzieren. Sie können nichts Besseres tun, als ihn in seinem natürlichen Verhalten zu unterstützen und ihm seine Ruhe zu gönnen. Sind die Temperaturen für Ihren Hund wieder erträglich, wird er es Ihnen mitteilen und das gemeinsame Gassi kann beginnen.

Legen Sie ihre gemeinsamen Aktivitäten auf die frühen Morgen- oder späten Abendstunden. Besonders in dieser für den Organismus anstrengenden Jahreszeit kann man sehr gut lernen, aus dem Hamsterrad der Hektik auch mal auszusteigen.

Wenn wir uns ständig daran abmühen, alles an uns anpassen zu wollen und alles nach unseren Vorstellungen verändern und manipulieren zu wollen, werden wir über kurz oder lang scheitern. Die Natur hat an alles gedacht und wir sind gehalten, uns der Natur anzupassen. Die Natur sucht sich immer ihren Weg und wird sich durch uns Menschen nicht stoppen lassen. Besonders wenn unser Körper „Stopp" ruft, sollten wir dieses Warnsignal ernst nehmen und auch mal innehalten, um uns wieder auf das Wesentliche zu konzentrieren. Diese Zeit der Ruhe kann dazu beitragen, dass wir aus dem Hamsterrad aussteigen und unseren inneren Frieden wieder finden können. Dies ist, was Hunde uns lehren, wenn wir ihnen zuhören.

Auch ich habe besonders von Elli gelernt, meinen Rhythmus im Sommer zu ändern. An heißen Tagen lege ich meine beruflichen Termine auf die Abendstunden, denn es bringt nichts, mit Hunden entgegen ihrer Natur arbeiten. Sind sie in ihrem natürlichen Ruhemodus ist es in unserer Verantwortung, sie ihren Instinkten entsprechend leben zu lassen. Training kann auch ein wenig warten.

Besonders aber habe ich von Elli angenommen, den Lauf der Natur wieder anzunehmen.

Leben ist immer ein Kreislauf und wir sind nur ein kleines Rädchen in einem wohldurchdachten Großen und Ganzen. Es ist an uns, uns der Natur, auch der der Hunde, anzupassen und nicht andersherum. Wer gegen die Natur lebt und arbeitet, wird seinen Platz in dieser Welt niemals finden und immer auf der Suche sein, auf der Suche nach sich selbst.

Hunde können uns bei dieser Suche eine große Hilfe sein, wenn wir uns auf sie und ihre einmaligen Fähigkeiten einlassen!

Endlich Urlaub

Auch wenn wir uns unser kleines Paradies geschaffen hatten, wuchs doch der Wunsch nach einem Tapetenwechsel und einer Auszeit. Dem Alltag kann man Zuhause doch nie so ganz entfliehen.

Eine Flugreise kam für uns nicht in Frage, das wollten wir unseren Hunden nicht zumuten. Auch wenn wir meinen, es ist ja nur ein kurzer Flug oder eine etwas längere Autofahrt, verändern wir für die Hunde ihre ganze Welt. Wir reißen sie aus ihrem Revier, was für Hunde häufig einen nicht zu unterschätzenden Stress bedeuten kann.

Ich habe lange an einem großen Flughafen gearbeitet und wusste daher, wie mit den Hunden vor, während und nach dem Flug umgegangen wird. Auch wenn von den Fluggesellschaften immer eine liebevolle Betreuung vorgegeben wird, ist dies keinesfalls so. Hunde in einer Box sind schlichtweg Fracht und so werden sie auch behandelt. Sie werden hin und her geschoben, manchmal auch rabiat.

Für eine tiergerechte Behandlung haben die Mitarbeiter und Mitarbeiterinnen in der Gepäckabfertigung keine Zeit. Ich habe sehr viele Hunde in ihren Boxen gesehen, die stundenlang, und ich gehe davon aus auch während des Fluges, ohne Wasser aushar-

ren mussten, denen ihre Angst in den Augen anzusehen war oder die sich vor lauter Panik in die hinterste
Ecke der viel zu engen Box verkrochen haben. Nein,
das wollte ich meinen Hunden ersparen.

Alle unsere Hunde fahren sehr gerne Auto und mittlerweile auch Elli. Kaum öffneten wir eine Autotür
war Elli die erste, die im Auto saß und nicht mehr raus
wollte.

Aufgrund der, auch für die Hunde annehmbaren, Entfernung entschieden wir uns, Richtung Norden ans
Meer zu fahren. Ein Ferienhaus war schnell gefunden
und eine Woche Urlaub problemlos, auch mit vier
Hunden, schnell gebucht.

Während wir mit den Reisevorbereitungen beschäftigt waren, spürten unsere Hunde sofort, dass etwas
anders war. Sie waren unruhiger und natürlich hat sie

unsere Aufregung angesteckt. Auch das ist ganz normales Verhalten, sie reagieren sensibler auf unsere Empfindungen als wir uns vorstellen können.

Am Tag der Abreise war die Aufregung zunächst groß. Das restliche Gepäck musste noch ins Auto geladen werden und vor der Abreise war noch eine Gassirunde angesagt. So in Aufregung war das Gassi nicht unbedingt so entspannt, wie es normalerweise war. Aber ok. Nach der Runde sind die Hunde ins Auto gesprungen, haben ihren Platz eingenommen, und es konnte losgehen.

Unsere Hunde waren das Autofahren gewöhnt und so gab es auch auf dieser Fahrt keine Probleme. Wir haben zwischendrin immer wieder mal eine kurze Pause eingelegt und haben mit den Hunden eine Runde gedreht und sie mit Wasser versorgt. Auch Elli, mit der wir seit ihrer Ankunft bei uns, nur kurze Strecken zurückgelegt haben, machte diese Fahrt nichts aus. Auch sie sprang nach der kurzen Pause wieder ins Auto, legte sich hin und schlief weiter.

Die Hunde spürten sofort, als wir an unserem Urlaubsort angekommen waren. Nachdem wir gestoppt hatten, war die Aufregung groß. Hätte ich sie in diesem Moment rausgelassen, wäre Chaos vorprogrammiert gewesen. Besonders in der Mehrhundehaltung empfiehlt es sich, immer wieder zu warten, bis sich die Hunde wieder beruhigen, um dann den nächsten Schritt gehen zu können. Also warteten wir im Auto, bis sich die Aufregung wieder gelegt hat. Nun konnten wir unser Ferienhaus beziehen. Zuerst brachten wir die Hundebetten ins Haus und stellten sie an die jeweiligen Plätze. Anschließend holten wir die Hunde: Zuerst Elli, gefolgt von Anabel, Amelie und zuletzt Maya. Warum? Ich kann es nicht sagen, vielleicht weil sich diese Reihenfolge im Lauf der Zeit so ergeben und als erfolgreich erwiesen hat. Es ist auch nicht wirklich wichtig. Wichtig ist immer, dass es funktioniert. Das ist der Weg, auch wenn er in keinem Lehrbuch zu finden ist.

Drinnen angekommen, haben wir den Hunden zuerst das Haus aber auch gleich ihre Grenzen gezeigt. In diesem Fall waren es die Zimmer, die sie nicht betreten durften. Wenn man gleich zu Beginn Regeln aufstellt und auch die entsprechenden Grenzen setzt, können die Hunde nichts mehr falsch machen. Zeigt man es ihnen nicht, haben sie nie gelernt, was sie dürfen. Dies schließt mit ein, was sie nicht dürfen und ein ständiges Geschimpfe ist meist die Folge.

Während wir unsere Sachen ins Haus gebracht und verstaut haben, blieben die Hunde auf ihren Plätzen und beobachteten uns genau. Nach der langen Fahrt waren wir zwar müde, aber die Sehnsucht nach dem Meer war größer und so machten wir uns auf zu unserem ersten Strandspaziergang.

Unser Haus lag nicht weit entfernt vom Meer, und doch dauerte es einige Zeit, bis wir unser Ziel erreichen konnten.

Elli war ein Schnupperhund, jeder Geruch musste genauestens untersucht und gegebenenfalls darüber markiert werden. Elli war einfach Hund. Meistens habe ich sie gelassen, denn besonders beim Gassi sollte man alle Zeit der Welt haben. Elli lief weder weg noch zeigte sie Interesse an anderen Hunden oder Menschen, also alles gut. Meine anderen drei Hunde wollten ein wenig schneller vorwärtskommen, doch auch sie mussten sich in Geduld üben, bis sie ihren Bewegungsdrang ausleben konnten.

Und dann war es so weit. Wir standen auf der Düne und vor uns lag das Meer, endlich. Wir haben den Hunden die Leine abgemacht und sind Richtung Meer gelaufen. Die Hunde waren erst einmal außer sich und sind losgestürmt. Das durften sie auch. Ich habe mit ihnen darauf hingearbeitet, dass „Leine los" das Zeichen der „Freiheit" für sie ist, aber trotzdem blieben sie mit uns in Kontakt. Sie drehten sich immer wieder um und warteten auf ein Signal, wo es lang gehen soll. Weit und breit waren keine Menschen zu sehen und wir genossen, es am Meer entlangzulaufen. Nach einigen Metern ließ sich Elli zurückfallen und ich spürte, dass etwas nicht stimmte. Ich blickte mich um und sah, dass Elli sich in den Sand gelegt hatte und Anabel zu ihr hin stürmte. Ohne zu überlegen habe ich es Anabel gleichgetan und bin zu Elli gelaufen. Das Laufen durch den Sand war offensichtlich doch zu anstrengend für sie gewesen, und sie musste neue Kräfte sammeln. Ich beobachtete Anabel. Anabel hat Elli abgecheckt, sich zu ihr gesetzt und sie beschützt. Ich habe es Anabel gleichgetan und mich ebenfalls zu Elli in den Sand gesetzt. Zum einen, um Elli zu signalisieren, dass ich da bin, aber auch, um

Anabel in ihrer Tätigkeit zu unterstützen. So saßen wir einige Minuten und Anabel und ich hielten Wache.

Elli hatte sich nach wenigen Minuten wieder erholt, und wir haben uns auf den Rückweg gemacht. Mit dieser Erfahrung haben wir unsere Ausflüge umgestellt. Die restliche Urlaubszeit sind wir mit Elli separat gegangen. Sie hatte nicht mehr die Kraft, um mit den anderen Hunden mithalten zu können, das war aber nicht weiter schlimm. Wir hatten Urlaub und alle Zeit der Welt, um den Bedürfnissen all unserer Hunde gerecht werden zu können. Ich muss gestehen, dass mir die Spaziergänge alleine mit Elli sehr gutgetan haben. Ellis Ruhe und ihre Erhabenheit, über allen unwichtigen Dingen zu stehen, hat auf mich abgefärbt. Einfach nur sein, wahrnehmen und an nichts denken. Wie herrlich unkompliziert das Leben doch sein kann.

Nachgedacht habe ich aber noch lange über das Geschehen am ersten Urlaubstag und Anabels Verhalten. Sie war zu dem Zeitpunkt, als Elli eine Pause eingelegt hatte, um einiges voraus und doch hat sie trotz der Entfernung gespürt, dass mit Elli etwas nicht in Ordnung war und ist sofort zurück zu Elli, um bei der geschwächten Hündin Wache zu halten. Und da meinen wir, Hunden Sozialverhalten beibringen zu müssen. Ich denke nur daran, wie lange man mit einer Panne auf der Autobahn am Seitenstreifen steht, bis jemand anhält. Das kann sehr lange dauern, falls überhaupt jemand bereit ist seinen Weg zu unterbrechen, um zu helfen.

Anabel aber ist einfach nur ihren Instinkten gefolgt, und hat die geschwächte Elli nicht allein gelassen. Das Verhalten von Anabel hat mir wieder einmal gezeigt, wie ursprünglich doch unsere Hunde immer noch sind. In der freien Wildbahn wäre Elli eine leichte Beute für hungrige Fressfeinde gewesen. Anabel hat sie nicht im Stich gelassen und ich bin froh, dass ich sofort erkannt habe, was los ist und Anabel gefolgt bin. Es war ein Lehrstück in Reinstform in Sachen Hund!

Leider ging auch dieser Urlaub, wie eigentlich jeder Urlaub, viel zu schnell vorbei und „plötzlich" war der Tag der Abreise gekommen. Auch wenn wir mit einem weinenden Auge die Heimreise angetreten haben, haben wir uns doch auf unser Zuhause gefreut. Wir hatten eine sehr schöne Auszeit mit unseren Hunden erleben dürfen und neue Kräfte für den bald wieder einkehrenden Alltag gesammelt.

Aggressiver Kampfhund?

Zumindest gefühlt mehren sich die Berichte über aggressive Hunde, die scheinbar außerhalb jeglicher menschlichen Kontrolle geraten sind und mir stellt sich die Frage: Was ist da los?

Auch bei mir gehen viele Anfragen ein, weil der Hund aggressiv geworden ist und die Menschen ihrem, als gefährlich bezeichneten Hund, hilflos gegenüberstehen. Erstaunt bin ich bei diesen Anfragen aber immer über die Frage, ob ich auch mit aggressiven Hunden arbeite, denn viele Betroffene haben häufig von mehreren Hundeschulen und Hundetrainer:innen Absagen bekommen mit dem Hinweis, dass sie so etwas nicht machen.

Treffe ich vor Ort ein, erlebe ich meist eine ganz andere Situation, als mir geschildert wurde. Ich sehe völlig verunsicherte Hunde, die orientierungslos und außerhalb jeglicher Führung durch ihre Menschen sich selbst überlassen und dadurch hoffnungslos überfordert sind. Bereits zum Zeitpunkt meines Eintreffens sprechen diese Hunde eine mehr als deutliche Sprache und teilen mir eindrucksvoll mit, was sie von mir halten – nämlich nichts! Diese klare Ansage der Hunde zu ignorieren könnte in der Tat schmerzhafte Konsequenzen für mich haben und das Schicksal für die Hunde besiegeln.

Viele der betroffenen Halter:innen haben ihren Hunden Kommandos beigebracht aber schnell gemerkt, dass sich das für sie problematische Verhalten des Hundes nicht mit einem Wort abstellen lässt. Trotz Nein! Aus! oder Sitz! werden Besucher:innen am Eintreten des Hauses gehindert und die Menschen haben alle Mühe, ihre Hunde überhaupt noch halten zu können.

Dass das lautstarke Erteilen von Kommandos keine Abhilfe schaffen kann, verwundert nicht wirklich. Wer lediglich versucht, die sichtbaren Symptome in den Griff zu bekommen, trainiert an der Ursache vorbei. Viele Betroffene berichten mir, dass sich das problematische Verhalten des Hundes im Lauf des Trainings sogar noch gesteigert hat.

Wer nun meint, dass solch ein Hund die Dominanz seines Menschen spüren oder irgendwelche Unterordnungsrituale anwenden muss, um den Hund gefügig zu machen, wird schnell an seine Grenzen kommen. Der Mensch übersieht dabei, dass Hund nicht gleich Hund und Aggression nicht gleich Aggression ist. Er verkennt, dass man besonders bei unsicheren Hunden sehr behutsam vorgehen muss. Die Warnungen dieser Hunde kommen meist sehr früh und diese gilt es zu erkennen und auch zu respektieren, damit man sich diesen Hunden respektvoll nähern kann. Aus meiner Erfahrung kann ich sagen, dass es meist mit einem Blick beginnt, mit einem ganz besonderen Ausdruck in den Augen.

Mit solchen Hunden muss man in ihrem Tempo gehen, und das geht häufig nur Schritt für Schritt und man ist gehalten, besonders auf ihre Kommunikation zu achten, die häufig in sehr kleinen Nuancen stattfindet. Dazu braucht es lediglich Zeit, Ruhe und manchmal viel Geduld. Gleichzeitig aber ist man gefordert, den Menschen Führungswerkzeuge mit an die Hand zu geben, damit sie ihren Hunden in diesen, aus ihrer Sicht, bedrohlichen Situationen eine Stütze sein können.

Die meisten Hunde, die ich in meiner beruflichen Praxis kennenlernen durfte und die als aggressiv bezeichnet wurden, waren es nicht. Sie taten lediglich, was sie tun mussten, weil ihre Menschen, außer Kommandos zu brüllen, passiv blieben und keine Entscheidungen getroffen haben.

Aggressionen können viele Ursachen haben, darunter auch eine Erkrankung. Wenn das Wort aggressiv fällt, gilt es daher, genau hinzusehen. Achtet man lediglich auf das sichtbare Verhalten, ist der Stempel „aggressiv" oder gar „gefährlich" schnell aufgedrückt. Richtet man seinen Blick auf die innere Haltung des Hundes, kann man die eigentliche Ursache für das problematische Verhalten des Hundes erkennen und Lösungswege finden. Manchmal ist es der Besuch bei einem Tierarzt oder einer Tierärztin.

Der häufigste Auslöser für Aggressionen bei Hunden ist aber meist der Mensch, der die Sprache seines Hundes nicht versteht, all seine Hilferufe ignoriert und meint, natürliche Verhaltensweisen „mal eben" abtrainieren zu können.

Lernen wir doch wieder Hund. Lernen wir wieder, unsere Hunde zu lesen und vor allem ihre Welt zu verstehen, um mit ihrem hundetypischen Verhalten richtig umgehen und ihnen eine Hilfe sein zu können. Grundlage für diese Hilfestellung ist herauszufinden, WARUM der Hund sich verhält, wie er sich verhält. Alles andere wird niemals eine dauerhafte Lösung bringen, weder für Mensch noch für Hund.

Sollten sich bei Ihrem Hund erste Anzeichen von Aggressionen bemerkbar machen, holen Sie sich bitte rechtzeitig kompetente Hilfe. Durch Abwarten oder unsinnige Trainingsmethoden werden sich die Aggressionen weiter steigern und der Hund zunehmend eine Gefahr für Sie und andere darstellen.

Bei zu Aggressionen neigenden Hunden, kann ich nur immer wieder die Verwendung eines Maulkorbs empfehlen. Auch wenn dieser das „Heilehundeweltbild" vieler Menschen stört, kann er Leben retten, meist das der Hunde. Wer die Optik über die Verantwortung stellt, handelt aus meiner Sicht grob fahrlässig.

Zusätzlich kann ein Maulkorb Sicherheit vermitteln, für die Menschen aber auch für die Hunde. Ich erlebe immer wieder, dass ein Hund sich beruhigt, sobald er einen Maulkorb trägt.

Hier fällt mir Bruno ein, ein American Staffordshire Terrier und seine Familie. Frau Müller rief mich an und stellte mir die Frage aller Fragen: „Arbeiten Sie auch mit aggressiven Kampfhunden?" Ich bejahte diese Frage und bat Frau Müller mir zu berichten, was denn los ist.

Sie erzählte mir von Bruno. Bruno hatten sie aus einem nahegelegenen Tierheim geholt, obwohl sie wussten, dass er „schwierig" war. Die Familie hatte bereits mehrere Hundeschulen durchtelefoniert, aber immer Absagen bekommen. Ein Hundeausbilder aber hatte sich bereit erklärt, mit Bruno zu arbeiten und was mir Frau Müller schilderte, hörte sich mehr als rabiat an. Da ich solche „Methoden" nicht befürworte geschweige denn anwende, möchte ich dieser Art der „Behandlung" in meinem Buch keinen Raum geben und erspare Ihnen und mir eine Schilderung.

Wir vereinbarten einen Termin und ich war gespannt, was oder besser wer mich erwartet. Von Frau Müller hatte ich am Telefon bereits erfahren, dass sie seit einigen Wochen keinen Besuch mehr empfangen können, da Bruno dies sehr eindrucksvoll verhinderte.

Frau Müller, die auf mich durch einen Zeitungsbericht aufmerksam wurde, sagte mir aber auch, dass ich nun die letzte Hoffnung für sie sei und dass, wenn ich es nicht schaffen würde, eine Trennung von Bruno keine Option war. Dann würden sie sich mit diesem Leben arrangieren.

Als ich zu dem vereinbarten Termin auf den Hof der Familie Müller fuhr, sah ich Bruno bereits. Er lag auf der Fensterbank im Wohnzimmer und als er mich erblickte, fing er lautstark an zu bellen. Ich übersetzte es so: „Komm ja nicht näher!". Bereits in diesem Moment war mir klar, dass Bruno alles andere als aggressiv war. Seine ganze Haltung und sein Verhalten drückten sehr deutlich seine Unsicherheit aus.

Ich bat Frau Müller, Bruno an die Leine zu nehmen, ihm einen Maulkorb umzulegen und mit ihm an die Tür zu kommen. Während Frau Müller ins Haus ging, um Bruno vorzubereiten, wartete ich in einigem Abstand vor der Haustür, bis Frau Müller mit einem gut gesicherten Bruno in der Haustür erschien. Bruno hatte mich zum Fressen gern, das war deutlich zu sehen. Frau Müller hatte alle Mühe, Bruno mit der Leine zu halten und immer wieder hörte ich ein lautes, aber hektisches: Sitz! Bruno setzte sich auch kurz aber nur, um gleich wieder nach vorne zu gehen. Ich hielt den Abstand zu Bruno ein und neigte meinen Blick zur Seite. Nach und nach beruhigte sich Bruno, blieb aber dennoch misstrauisch. Sobald ich mich auch nur ein klein wenig bewegte, legte Bruno sofort los. Nun hatte ich genug gesehen, vor allem, dass Frauchen stets passiv geblieben ist. Sie hat Bruno lediglich gehalten, mit der Leine ständig zurückgezerrt und immer wieder Sitz! gerufen.

Ich sagte Frau Müller, dass ich mich nun nähern werde, und sie solle sich bereit machen. Sobald Bruno aufspringt, soll sie ihm eine klare Ansage geben – kurz, aber energisch. Frau Müller sah mich fragend an. Ich erklärte ihr, dass es nicht wichtig ist, was sie ihm sagt, sondern wie. Ich bemerkte die Unsicherheit von Frau Müller und bestärkte sie, indem ich sagte, wir machen das so lange, bis Bruno uns erkennen lässt, dass es richtig ist.

Während dieser Übung ließ ich mich von Bruno nicht aus der meiner Ruhe bringen. Immer wenn ich mich bewegt habe, schoss Bruno hoch und wollte den Eindringling, in diesem Fall war ich gemeint, vertreiben. Auch das ist ganz normales Verhalten, aus Sicht des Hundes.

Nach drei oder vier Anläufen war es dann so weit. Ich näherte mich zum wiederholten Male der Haustür und als Bruno hochschoss, hörte ich ein energisches „Jetzt reichts" und siehe da, Bruno setzte sich augenblicklich hin und stellte auch sein Bellen ein. Ich gab den beiden einen Moment, um sich weiter zu beruhigen aber auch, um Frau Müller den Moment des ersten Erfolgs seit vielen Monaten zu gönnen. Nachdem nun der erste Schritt vollbracht war, folgte der zweite. Ich musste ins Haus.

Ich bat Frau Müller ruhig zu bleiben und mit Bruno ein wenig zurückzutreten, um mir den Weg freizumachen. Sollte Bruno in sein altes Verhalten fallen, sollte sie ihm wieder eine Ansage geben. Frau Müller ging mit Bruno ein paar Schritte zurück und ich begab mich in Richtung „Kampfzone". Doch weit gefehlt. Als ich eintrat kam von Bruno nichts. An der Seite seines Frauchens ließ er mich eintreten. Ich ging ins Wohnzimmer, setzte mich und bat Frau Müller, mit Bruno an der Leine reinzukommen und ein wenig auf und ab zu gehen. Dies hat wunderbar funktioniert. Bruno hat mich zwar aus den Augenwinkeln beobachtet und ich ihn, aber es gab keine Probleme und das war das Ziel. Nachdem sich alle entspannt hatten, auch Frau Müller, bat ich sie, Bruno einen Platz zuzuweisen, an dem er zur Ruhe kommen könne. So konnten wir entspannt einen Kaffee trinken und uns noch ein wenig unterhalten.

Ich gab Frau Müller mit auf ihren Weg wie wichtig es ist, dass Bruno klare Verhaltensweisen aufgezeigt bekommt, sie Regeln aufstellt aber auch ganz klare Grenzen setzt. Besonders bei solch unsicheren Hunden wie Bruno ist dies unabdingbar. Nur so bekommen sie die für sie so dringende Orientierung, wissen was der Mensch von ihnen wann erwartet und vor allem, wie sie sich richtig verhalten sollen.

Als wir uns verabschiedet haben, bat ich Frau Müller, mir nach einigen Tage zu berichten, wie es läuft. Dass der Anruf gleich am nächsten Tag erfolgte, überraschte mich.

Frau Müller berichtete mir, dass sie gleich am nächsten Morgen ihre Schwester eingeladen hatte, mit der sie seit Wochen keinen gemeinsamen Kaffee mehr in ihrem Haus trinken konnte. Mit tränenerstickter Stimme erzählte mir Frau Müller, dass sich Bruno beim Eintreten ihrer Schwester auf seinen Platz zurückgezogen hat und dort die ganze Zeit liegengeblieben ist. Ja, Sie lesen richtig. In diesem Fall ging es so schnell, weil wir für Bruno die Unterstützung gefunden haben, die er offensichtlich brauchte. Es müssen nicht immer monatelange Trainingseinheiten sein, wenn man den Hund als Hund sieht und nicht auf die Kategorisierung von wem auch immer achtet.

Auch so gennannte „Kampfhunde" sind erstmal nur Hunde, wenn auch mit einer speziellen Veranlagung gezüchtet. Partout gefährlich sind auch sie nicht! Bruno hat es uns bewiesen. Vor allem aber hat er uns aufgezeigt, dass es immer einen individuellen Ansatz braucht, um eine Lösung finden zu können.

Und wenn Sie sich nun fragen, warum ich in diesem Fall zu einer kurzen, aber energischen Ansage geraten habe, ist die Antwort schnell gefunden. Hunde bellen, wenn es sein muss, um ihren Standpunkt deutlich zu machen. Auch das ist Kommunikation, entscheidend dabei aber ist das Wie.

Die Augen

Zu mir kommen viele Menschen, die einfach nur lernen wollen, ihre Hunde zu lesen und zu verstehen, weil sie merken, dass sie keine gemeinsame Wellenlänge finden. Viele dieser Menschen haben bereits einige Seminare besucht oder diverse Lehrgänge absolviert. Sie haben gelernt darauf zu achten, in welchem Winkel der Schwanz des Hundes steht oder welchen Grad der Neigung das linke Ohr in welcher Situation hat. Sie haben gelernt, genauestens auf den Stand der Nackenhaare ihres Hundes zu achten, um auf eventuelle Bedrohungslagen reagieren zu können. Wenn ich diese Menschen bitte, mit ihren Hunden ein wenig zu gehen ist sofort zu sehen, wie angespannt Mensch und auch Hund sind. Ständig wird auf irgendwelche Haltungen von irgendetwas geachtet, vor allem bei den eigenen Hunden. Dass die Gefahr z.B. von dem entgegenkommenden Hund ausgeht, und der eigene Hund lediglich auf dessen Signale reagiert, muss zwingend bei dieser Art des Gassigangs von den Menschen übersehen werden.

Das Wichtigste aber, was Elli mich gelehrt hat, ist wohl dies: Einen Hund wird man niemals mit dem Verstand verstehen, mit den Augen analysieren oder mit den Händen spüren können. Hunde muss man mit dem Herzen sehen und auch fühlen. Wer nur auf Äußerlichkeiten achtet, verpasst das Wesentliche. Er verpasst zu spüren, wann das Innerste nach außen kommt.

In unserer heutigen Zeit, die wir modern und fortschrittlich nennen, haben wir verlernt, auf die vielen Kleinigkeiten zu achten, die uns unser Gegenüber unbewusst mitteilt. Wie können wir auch diese vielen kleinen Signale sehen, wenn wir überwiegend online in Kontakt sind, uns über Kurznachrichten oder über meist gestellte Bilder austauschen? In unserer Kommunikation legen wir häufig mehr Wert auf Schein als auf Sein. Wenn auf die Frage „Wie geht es dir" ein „Gut" zurückkommt, sind wir zufrieden. Wir haben gelesen, was wir lesen wollten. Im direkten Kontakt aber hätten wir gesehen, dass dies nur Worte waren, die nicht der Wirklichkeit entsprechen.

Der wohl meistzitierte Satz in der Kommunikationswissenschaft stammt von Paul Watzlawick: „Man kann nicht nicht kommunizieren, denn jede Kommunikation (nicht nur mit Worten) ist Verhalten und genauso wie man sich nicht nicht verhalten kann, kann man nicht nicht kommunizieren. Kommunikation ist demnach alles und nicht nur auf eine bestimmte Stellung eines Körperteils reduziert. Besinnen wir uns auf uns selbst wieder zurück und verlassen die technische Kommunikation erkennen wir, wieviel Wahrheit in diesem Satz steckt.

Während wir mehr und mehr verlernen zu kommunizieren, können wir dies genau bei unseren Hunden beobachten. Sie kommunizieren häufig in so kleinen und unscheinbaren Nuancen, die wir nur schwer wahrnehmen können, weil uns der Blick dafür verloren gegangen ist. Beschränken wir uns in der Kommunikation lediglich auf einzelne Körperhaltungen der Hunde, übersehen wir die ganze Mitteilung und reagieren häufig viel zu spät oder falsch.

Ein ganz wichtiger Bestandteil in der Kommunikation sind die Augen. Bereits Hildegard von Bingen gelangte zu der Erkenntnis, dass die Augen die Fenster der Seele sind. Diesem Satz kann ich nur zustimmen. Nicht nur wir Menschen, sondern auch die Hunde drücken mit ihren Augen, mit einem bestimmten Blick, alles aus, was in ihnen vorgeht. Sei es Unsicherheit, Angst oder auch eine Warnung. In und an den Augen können wir es zuerst erkennen. Folgt ein körperliches Signal, kann es häufig schon zu spät sein. Besonders wenn der Hund über seinen Blick eine Warnung ausgesprochen hat. Eine zweite Warnung muss nicht zwingend kommen.

Elli hat mich gelehrt, wieder in die wahre Welt zurückzukommen und anzunehmen, was die Natur uns lehren kann. Vieles davon werden wir nicht in Büchern finden. Jede Gebrauchsanweisung oder jeder Tipp, wie man was wann machen soll, mag für den

einen zutreffend sein. Ein anderer aber wird mit diesen universellen Ratschlägen überfordert sein.

Wer mit Hunden lebt, hat den besten Lehrmeister
des Lebens an seiner Seite. Hunde kennen kein
Google oder WhatsApp und brauchen es auch nicht.
Sie leben in der Realität und können uns in diese zu-
rückführen. Elli hat mich gelehrt, nicht online nach
Antworten zu suchen, sondern all die Manipulationen von außen abzuschalten, meine Sinne wieder zu
öffnen und auch auf die vermeintlichen Kleinigkeiten
zu achten. Denn diese sind es, die am Ende etwas
ganz Großes werden können.

Ein Kennenlernen in der realen Welt beginnt auch
heute noch mit dem ersten Blick. In diesem Moment
bereits wird entschieden, ob wir unser Gegenüber
sympathisch oder unsympathisch empfinden. Ignorieren wir diese Instinkte nicht länger, sondern lassen
wir diese zu. Haben wir den Mut, unseren Hunden in

die Augen zu blicken, um in ihre Seele sehen zu können. Warum Mut? Weil Hunde in diesem Moment auch tief in unsere Seele blicken.

Stellen wir uns dieser Herausforderung, der Wahrheit, kommen wir unseren Hunden einen großen Schritt näher. Mit jedem Blick in die Augen Ihres Hundes werden Sie erkennen, welch fast unerschöpfliches Kommunikationsmittel die Augen sind.

Ignorieren

Wenn geplagte Hundehalter:innen zu mir kommen, bitte ich diese meist, sich wie immer ihrem Hund gegenüber zu verhalten. Ich erlebe dabei so manche Eigenheiten.

Dass viele Hunde bei einem ersten Kontakt mit mir, einem fremden Menschen und einem ihnen unbekannten Ort aufgeregt sind, ist in meiner Arbeit nichts Außergewöhnliches. Zeigen die Hunde aber ein, aus Sicht ihrer Halter:innen, unerwünschtes Verhalten wie z. B. Anspringen, erlebe ich häufig, dass sich die Menschen wegdrehen. Auf meine Frage, warum die Menschen das machen, höre ich häufig, dass ihnen das geraten wurde. Sie sollen ihren Hund ignorieren, wenn er sich danebenbenimmt. Gerne frage ich meine Kund:innen, ob sie damit das Problem gelöst haben und die Antwort lautet: Nein!

Denken wir an Paul Watzlawick zurück, dass man nicht nicht kommunizieren kann, wissen wir, was wir mit diesem Ignorieren dem Hund mitteilen: Desinteresse. Bringen wir uns in Erinnerung, dass ein Hund in jeder Situation das tut, was aus seiner Sicht richtig ist. Nicht zwingend ist ein Anspringen pöbeln. Häufig ist das Anspringen eines Hundes ein Hilferuf an seine Menschen. Ignorieren wir diese Bitte um Unterstützung, lassen wir den Hund in seiner Not allein und vor allem zeigen wir ihm nicht, was er denn stattdessen tun soll.

Zugrunde liegt dieser menschlichen Art des Ignorierens die Vermeidungsstrategie der Hunde und bis heute ist dies ein fester Bestandteil im Hundetraining. Ein Hund, der bellt wird ignoriert. Ein Hund, der ständig an der Leine zieht, wird ignoriert. Ein Hund, der seine Menschen bedrängt, wird ignoriert usw. Einmal in einem Lehrbuch festgeschrieben, wird das Ignorieren von Hundeschule zu Hundeschule übernommen.

Stellen Sie sich bitte einmal vor, Sie bitten jemanden Hilfe und Ihr Gegenüber dreht sich einfach um und würdigt Sie keines Blickes mehr. Erfreut wären Sie sicher nicht, denn mit Ihrem Problem stünden Sie immer noch alleine da. Spätestens in diesem Moment würden Sie sich daran erinnern, dass man nicht nicht kommunizieren kann.

Beobachten wir nun, wie die Vermeidung unter Hunden wirklich stattfindet. Um keinen Konflikt herbeizuführen, neigen Hunde häufig ihren Blick zur Seite. Körperlich aber bleiben sie präsent und hier kommen wir wieder in die wirkliche Welt der Hunde. Niemals würde ein Hund einem anderen, dessen Ausdruck eine unerfreuliche Begegnung erwarten lässt, den Rücken zukehren. Sich abzuwenden bedeutet, seinem Gegenüber die eigene schwächste Stelle anzubieten und einen Angriff geradezu zu provozieren. Nicht umsonst umkreisen Hunde ihre Beute, um im richtigen Moment zuschlagen zu können. Viele Hunde wenden diese Vermeidungsstrategie an, weil sie im Grunde genommen keinen Ärger haben wollen. Bitte sehen Sie aber genau hin. Auch wenn die Hunde den entgegenkommenden Hund scheinbar ignorieren, kommunizieren sie durch eine innere Haltung, die viele Menschen nicht mehr wahrnehmen können. Ignorieren bedeutet daher nicht, passiv zu sein und abzuwarten was passiert.

Auch mit dem so genannten Ignorieren hat sich aus meiner Sicht und auch Erfahrung eine Verhaltensweise in die vermenschlichte Hundewelt eingeschlichen, die es unter Hunden so nicht gibt.

Elli hat häufig die Vermeidung gewählt, wenn einer meiner anderen Hunde zu aufmüpfig wurde. Dennoch hat sie klar kommuniziert und durch ihren Ausdruck unmissverständlich klar gemacht, dass die Hunde Abstand zu ihr halten sollen und die Hunde haben es verstanden.

Ignorieren Sie bitte Ihren Hund niemals, sondern bleiben Sie in Kommunikation mit ihm. Sollte eine Situation einmal für Sie brenzlig werden, gehen Sie in die Vermeidung aber bitte bewahren Sie Haltung. Laufen Sie bitte nicht in Panik weg, sondern begeben Sie sich langsam und ruhig aus dieser Situation.

Sollte es Ihnen mal schwerfallen, denken Sie bitte an Paul Watzlawick: „Man kann nicht nicht kommunizieren!". Besonders nicht, wenn es um Hunde geht.

Machen wir uns (wieder) ehrlich

Warum es zwischen Hund und Mensch so häufig nicht mehr funktioniert, ist im Grunde recht schnell erklärt. Viel zu viel prasselt auf die Menschen ein, jeder weiß oder empfiehlt etwas anderes. Der größte Fehler aber dürfte aber in der Verallgemeinerung liegen.

Wer nach Hilfe oder Unterstützung sucht, findet die vermeintliche Lösung meist sehr schnell. Suchbegriff in einer Suchmaschine eingegeben und die Lösung erscheint auf hunderten von Seiten. Leider stehen auf den vielen Seiten meist sehr viele unterschiedliche Lösungsvorschläge und der suchende Mensch verfällt der Verlockung, alles ausprobieren zu müssen. Klappt es mit der einen Empfehlung nicht, wird schnell die nächste ausprobiert.

Gerne vernimmt der Mensch, dass ein Hund nur ein wenig Training, viel Liebe und Geduld braucht oder dass Auslandshunde sich nichts mehr wünschen, als mit ihrem gepackten Köfferchen in ein weiches Körbchen ziehen zu können. Mit der Realität hat dies in sehr vielen Fällen aber wenig bis nichts zu tun.

Besonders wer einen „gebrauchten Hund" bei sich aufnehmen will, muss sich über die Risiken und Nebenwirkungen im Klaren sein. Viele dieser Hunde haben das Überleben fernab von Menschen gelernt. Sie in unserer, für sie vollkommen fremden Welt, zu integrieren, kann eine ungeahnte Herausforderung sein. Viele Menschen scheitern an dieser Aufgabe, weil sie den falschen Versprechungen gefolgt sind oder an universelle Trainingsmethoden geglaubt haben.

Sagen wir es doch wie es ist, auch wenn es nicht gerne gehört wird. Von vielen dieser Hunde ist meist nichts bekannt und auch die Besitzer:innen, die ihre Hunde in ein Tierheim bringen, erzählen meist nicht die ganze Wahrheit. Ich selbst habe es mehr als einmal erlebt, dass ein ehemaliger Straßenhund die Menschen hoffnungslos überfordert hat. Bei der Abgabe im Tierheim aber wurden sowohl die wahre Herkunft als auch die wirklichen Probleme des Hundes verschwiegen. Man weiß daher oft nicht, wo die Hunde aufgewachsen sind, was sie erlebt haben und schon gar nicht, welche Strategie sie für sich gelernt haben, um zu überleben. So manche Straßenhunde wehren sich vehement gegen ihre vermeintliche Rettung und es braucht Tage, um sie einfangen zu können. Welche Geschichte diese Hunde mitbringen und warum sie vor Menschen flüchten, wird ihr Geheimnis bleiben.

Die Wissenschaft hat uns die enorme Bedeutung der Präge- und Sozialisierungsphase erklärt. Während dieser Zeit können Hunde negative Erfahrungen, wie z.B. Misshandlungen, gemacht haben, die sich tief in ihrem Inneren verankert haben. Auch Hunde von Züchter:innen können bereits unschöne Erfahrungen gesammelt haben, denn auch dort ist nicht immer alles Gold was glänzt. Hier kann eine Bewegung, ein Wort oder ein Geräusch genügen, um einen Angriff des Hundes aus dem vermeintlichen Nichts auszulösen. Nicht zu unterschätzen sind diejenigen, die Hunde vom Welpenalter an durch streng getaktete Sozialisierungsprogramme laufen lassen. Die kleinen Hunde sollen innerhalb von 12 Wochen alles lernen, was der Mensch als sinnvoll erachtet. Viele dieser jungen Hunde aber werden dabei am Hund vorbei sozialisiert und mit all den gestellten Aufgaben vollkommen überfordert.

Damit all diese besonderen Hunde eine echte Chance haben, in ihrem neuen Leben wirklich ankommen zu können, gibt es in der Tat eine Erfolgsmethode. Bei diesen Hunden muss der Mensch lernen, mit den Eigenarten und Besonderheiten des Hundes umzugehen. Manchmal kann man auch nur akzeptieren, dass der Hund so ist wie er ist, dass er niemals den Vorgaben aller Expert:innen oder der eigenen Wunschvorstellung entsprechen wird. Seien wir bereit zu sehen was ist und befreien uns von dem, was wir glauben sollen. Dann ist der Weg für ein Zusammenleben geebnet. Auch wenn es nicht immer den Idealvorstellungen der anderen entspricht, kann es doch perfekt sein. Weil Mensch und Hund sich arrangiert und akzeptiert haben, so wie sie sind.

Wenn sich weiterhin vor der Wahrheit gedrückt wird, wird das Leid vieler Hunde weitergehen. Sie werden weiterhin ihrer Freiheit beraubt, in enge Boxen gezwängt, um auf eine Reise ins Unbekannte zu gehen, um an Orten abgegeben zu werden, die sie freiwillig niemals betreten würden.

Immer mehr Hunde werden sich in Tierheimen wiederfinden, eingesperrt in enge Zwinger und ohne große Chance, diesen Ort jemals wieder verlassen zu können. Und für viele dieser Hunde wird ihre Rettung ganz anders enden. Sie werden am Ende einer manchmal sehr kurzen Reise eingeschläfert, weil sich in Tierheimen oder anderen Organisationen kaum noch Platz für all die außer Kontrolle geratenen, manchmal auch nur unbequemen, Hunde findet. Diese Hunde gelten als nicht vermittelbar und ihr Schicksal ist dadurch mehr als ungewiss.

Man kann und muss nicht jeden Hund retten. Ein Straßenhund ist nicht zwingend unglücklich, nur weil er auf der Straße lebt. Es kommt immer auf die jeweilige Situation an. Retten ja, aber bitte zuerst mit Verstand und dann mit Herz. Gestehen wir uns ein, dass auch wir Menschen an unsere Grenzen kommen können. Dass wir nicht für alles eine Lösung haben und schon gar nicht die Naturgesetze außer Kraft setzen können. Ist ein genetischer Defekt die Ursache für die Verhaltensauffälligkeiten, werden selbst die schmackhaftesten Leckerlies oder das lauteste Kommando nicht für Abhilfe sorgen können. Deprivationsschäden sind weder trainierbar noch therapierbar. Sie bleiben ein Leben lang – bei Mensch und Hund. Es sind die natürlichen Grenzen des Machbaren.

Die Ehrlichkeit, dies zu thematisieren, vermisse ich in der Hundewelt 2.0. Es ist eine Welt, die auf Gleichheit setzt und übersieht, dass Hund nicht gleich Hund ist. Dass jeder Hund individuell und manchmal auch speziell ist. Manche Hunde sind fernab jedweder Norm und werden es auch immer sein. Sie werden immer etwas ganz Besonderes sein und daher auch besondere Menschen brauchen. Sie brauchen Persönlichkeiten, die um Hunde wissen und standhaft bleiben, wenn die Außenwelt meint, es mal wieder besser zu wissen.

Machen wir uns ehrlich und überdenken unsere Vorstellungen von perfekten und funktionierenden Hunden. Glauben wir nicht allen Empfehlungen, die jemand empfohlen hat, weil irgendwer meint, etwas empfehlen zu können was ein anderer empfohlen hat.

Wagen wir wieder mehr Ehrlichkeit und befreien uns aus dem von außen auferlegten Stress. Es wäre ein Segen für Mensch und Hund und eine gute Grundlage, um einen gemeinsamen Weg finden zu können. Es ist der Weg, den kein anderer gehen kann, denn es ist IHR Weg.

Rufen wir uns in Erinnerung, was Karl Lagerfeld uns mit auf den Weg gegeben hat:

„Persönlichkeit fängt dort an, wo der Vergleich aufhört"!

Zur Ehrlichkeit gehört aber auch, dass wir uns von Begrifflichkeiten nicht mehr täuschen lassen, sondern diese wieder deren wahren Bedeutung zuordnen und entsprechend handeln.

Es sind die Begriffe: Bindung – Beziehung – Erziehung und Ausbildung. Ich erlebe immer wieder, dass die Menschen sich eine gute Beziehung zu ihrem Hund in einem Training erwarten.

Was bedeutet Beziehung? Die Wissenschaft gibt uns eine Erklärung hierzu. Eine Beziehung haben Individuen oder Gruppen dann, wenn ihr Denken, Handeln oder Fühlen gegenseitig aufeinander bezogen ist.

In der Praxis aber sehen wir viele Hundehalter:innen, die diese Beziehung in einem Training der Hunde suchen. Sie buchen unzählige Kurse in diversen Hundeschulen und scheuen dabei keine Mühen und Kosten. In vielen Stunden des Übens und Trainierens bringen sie ihren Hunden die sog. Grundkommandos bei. Suchen wir im Internet nach Grundkommandos, finden wir mittlerweile sieben bis elf solcher Kommandos, die ein Hund zwingend beherrschen sollen muss. Ja wie viele sollen es denn nun sein? Wären es tatsächlich Grundkommandos, wären diese festgelegt. Häufig finden wir auch die Empfehlung, seinen Hund zu beschäftigen. Dies soll, so die Behauptung, die Beziehung stärken. Die entsprechenden Beschäftigungsprogramme kann man gleich dazu buchen. Mantrailing, Dog Dancing, Fährtensuche oder das altbekannte Agility.

Üben wir mit unseren Hunden Kommandos sind wir im formalen Lernen, im Training oder auch in der

Ausbildung. Vom eigentlichen Sinne einer Beziehung ist das weit entfernt.

Bindung dient der Herstellung und Aufrechterhaltung sozialer Nähe und damit der Arterhaltung. Allein an dieser Erklärung erkennt man, dass auch dies nichts mit einem Training zu tun.

Bei all den Beschäftigungsprogrammen wird zusätzlich etwas sehr Wichtiges übersehen: die Erziehung. Erziehung ist die Förderung der sozialen Kompetenzen im Umgang mit Beziehungspartnern, Umwelt und Gesellschaft. Mit einem Sitz! oder Bleib! hat das nichts zu tun. Erziehung bedeutet, dem Hund zu lernen, wie er sich in welcher Situation richtig verhält, wie er sich z.B. Kindern zu nähern hat oder bei Besuch reagieren soll. Hat er dies von seinen Menschen gelernt, entfällt das Beibringen von Kommandos. Es ist nicht wichtig, in welcher äußeren Haltung der Hund der Bitte seines Menschen nachkommt. Wichtig ist die innere Haltung des Hundes, die sich in seinem äußeren Verhalten zeigt.

Für die Welt der Hunde bedeutet Erziehung: Übernehmen Sie die Führung, stellen Sie Regeln auf und setzen Sie Grenzen. Seien Sie konsequent und bewahren auch Sie stets Ihre Haltung! Stimmt die Beziehung zwischen Ihnen und Ihrem Hund, können Sie den nächsten Schritt gehen: ins Training oder in die Ausbildung des Hundes.

Max – nicht vermittelbar?

Max war ein stattlicher Rüde, ein Cane Corso. Er wurde, wie so viele Hunde aus dem Ausland, nach Deutschland gebracht. Die Menschen hatten sich offensichtlich überschätzt und die Größe eines Cane Corso unterschätzt. Für eine kleine Wohnung in der Großstadt war für diesen Hund kein Platz und Max musste wieder weg, sofort! Die Lösung für die Menschen war das städtische Tierheim, aber für Max begann die Qual.

Ich wurde von den ehrenamtlichen Mitarbeiter:innen des Tierheims um Unterstützung für Max gebeten. Sie hatten Max ins Herz geschlossen und wollten alles dafür tun, dass Max das Tierheim wieder verlassen kann. Erschwerend für eine Vermittlung kam hinzu, dass Max von der Tierheimleitung als aggressiv eingestuft wurde. Er hatte bei den kurzen Gassigängen bereits mehrfach um sich gebissen und einige

Gassigänger:innen verletzt. Es sah nicht gut aus für Max. Ein Hund mit der Einstufung aggressiv, gilt als nicht vermittelbar und sein Platz in einem Tierheim wandert immer weiter nach hinten, so dass Interessent:innen kaum noch auf so einen Hund aufmerksam werden. Zusätzlich stören solche Hunde häufig das, nach außen aufgebaute, Image eines Tierheims. So war es auch bei Max. Nach zwei Jahren dort eingesperrt sollte er weggebracht werden und sein Leben in einer völlig überfüllten Auffangstation verbringen. Die ehrenamtlichen Helfer:innen wollten nichts unversucht lassen, um Max dieses Schicksal zu ersparen.

Ich sagte zu, mir Max anzusehen, doch versprechen wollte ich nichts. Die Bedingungen in einem Tierheim sind alles andere als optimal, um mit Hunden arbeiten zu können. Es herrscht eine ständige Unruhe und der Stresspegel ist besonders für die Hunde sehr hoch. Besucher:innen kommen und gehen und die wenigen Mitarbeiter:innen müssen in kurzer Zeit die vielen Hunde versorgen.

Besonders erschwerend für uns war, dass die Leitung verboten hatte, dass mit Max gearbeitet wird. Sie waren der Auffassung, dass Max aggressiv war und auch bleiben wird. Nach langem Zureden haben wir dennoch eine Chance bekommen.

Als ich beim Tierheim ankam, wurde ich von der Tierheimleitung mit Missachtung begrüßt, man kann auch sagen, sie haben mich ignoriert. Egal, es ging um Max. In dem Tierheim war es laut, die Hunde bellten, Menschen lief hin und her und die ersten Hunde wurden zum Gassi rausgeholt.

Als wir bei Max angekommen waren, bellte er hektisch, aber er wich zurück. Dass er nicht aggressiv, sondern sehr sehr unsicher war, zeigte er mir deutlich. Ich näherte mich seinem Zwinger langsam, immer in dem Tempo, das Max mitgehen konnte und siehe da, Max beruhigte sich. Er kam zu mir, um mich zu beschnüffeln. Ich betrat den Zwinger und legte Max die Leine um, immer langsam und mit Bedacht. Unsichere Hunde können unberechenbar sein. Ich bat die ehrenamtlichen Mitarbeiter:innen mir zu berichten, in welchen Situationen es zu den Beißvorfällen kam. Sie berichteten mir, dass Max immer „ausflippt", sobald sich Radfahrer oder Autos näherten. In diesen Momenten hatten die Menschen alle Mühe, Max überhaupt halten zu können. Max hat in diesen Situationen wild um sich geschnappt und dabei auch die Oberschenkel der Gassigänger:rinnen erwischt. Nach der dritten Verletzung bekam Max den Stempel aggressiv und sein Schicksal schien somit besiegelt.

Ich bat die Gassigänger:innen, Max unbedingt einen Maulkorb anzulegen, damit weitere Verletzungen verhindert werden können. Dass dies nicht von der Tierheimleitung für alle Hunde angeordnet wurde, war mit unbegreiflich. In dieser Aufregung und unter dem enormen Stress, den die Hunde ausgesetzt sind, kann es immer zu Verletzungen kommen. Auch bei Hunden sucht sich der Stress seinen Ausweg. Mein erster Eindruck, dass Max nicht aggressiv war, bestätigte sich auf unserer Gassirunde. Max war aufgeregt und sehr unsicher, das war alles. Ich zeigte den Frauen, wie sie Max beruhigen konnten, und wie sie mit ihm üben konnten, dass er Autos und Fahrradfahrer ertragen konnte. Ich muss sagen, die engagierten Menschen haben wirklich gute Arbeit geleistet, obwohl sie von der Tierheimleitung einige Schwierigkeiten bekamen, weil sie mit Max gearbeitet haben. Wir blieben ständig in Verbindung und ich gab ihnen Tipps, so gut es eben aus der Ferne ging. Zusätzlich schickten mir die Frauen regelmäßig Videos, durch die ich ihnen den ein oder anderen Ratschlag noch mit an die Hand geben konnte.

Privat hatten die ehrenamtlichen Mitarbeiter:innen Vermittlungsanzeigen geschaltet, denn der Termin für den Umzug von Max rückte immer näher. Aber auch für Hunde geschehen manchmal Wunder. Eine Familie hatte Interesse bekundet aber doch Bedenken, einen Hund aus dem Tierheim aufzunehmen und abermals wurde ich um Unterstützung gebeten. Es wurde ein Probewohnen vereinbart und ich sollte dabei sein.

Erneut machte ich mich auf den Weg nach Bayern, denn auch mir war Max ans Herz gewachsen. Wir trafen uns bei der Familie und die ehrenamtlichen Mitarbeiter:innen brachten Max dazu. Sofort übernahm ich Max und gab ihm die Zeit, sich wieder beruhigen zu können. Nachdem sich die erste hündische Aufregung gelegt hatte, gingen wir alle ins Haus.

Obwohl Max die ganze Zeit keinerlei Aggressionen zeigte, ließen wir Max den Maulkorb um, sicher ist sicher. Im Haus angekommen, steigerte sich die Aufregung von Max wieder ein wenig und wir ließen es in

Ruhe angehen, Schritt für Schritt. Zu diesem Zeitpunkt war das Ehepaar noch sehr unsicher. Doch Minute um Minute legte sich auch ihre Aufregung und sie erkannten mehr und mehr, welch enormes Potential in Max schlummerte. Wie damals meine Elli, hatte Max Angst vor Treppen, was uns allen bis zu diesem Zeitpunkt nicht bekannt war. Da hier nicht die Zeit war, um Tage zu warten, bis Max die Treppe hochlief, unterstütze ich ihn mit der Leine. Ich ging Stufe um Stufe und nach ein wenig Zögern folgte mir Max. Nachdem dies geschafft war, ging ich mit Max noch einige Male rauf und runter und nach wenigen Minuten war es geschafft. Max ging die Treppe, ohne zu zögern rauf und runter.

Anschließend sind wir in den Garten. Eine Sorge des Ehepaares war, dass Max weglaufen könnte, da das Grundstück nach hinten nicht eingezäunt war. Ein weiteres Problem war, dass der Nachbar Hasen hielt, und Max angeblich alles tötete, was nicht bei drei auf dem Baum war. Fragen Sie mich bitte nicht warum, aber ich war mir sicher, dass Max nicht weglaufen oder gar die Hasen des Nachbarn verspeisen würde. Die ganze Zeit, die wir mit Max im Garten verbrachten, interessierten ihn die Hasen nicht.

Nachdem Max seine Herausforderungen problemlos gemeistert hatte, sind wir gemeinsam mit Max durch die Nachbarschaft noch eine Runde spazieren gegangen. Was soll ich sagen? Entgegenkommende Kinder auf ihren Fahrrädern, ältere Menschen oder auch vorbeifahrende Autos interessierten Max nicht. Der Spaziergang verlief fast schon vorbildlich.

Nachdem alles geschafft war, verabschiedete ich mich mit einem guten Gefühl und ich machte mich auf die lange Heimreise. Es lagen noch sieben Stunden Fahrt vor mir.

Nach einigen Tagen des Wartens und auch Hoffens, bekam ich den ersehnten Anruf: das Ehepaar hatte

Max adoptiert, aber sie baten mich, sie bei der Einführung zu unterstützen und gerne sagte ich zu. Am Tag des Einzugs von Max zeigte ich dem Ehepaar, wie sie klare Regeln für Max aufstellen, ihm seine Grenzen setzen können und auch müssen.

Wir übten nochmal das Gassigehen und steckten im Garten die Grenzen für Max ab. Im Nachbargarten waren ja immer noch die Hasen. Nachdem Max nun endgültig in sein neues Zuhause gezogen war, verabschiedete ich mich, dieses Mal mit einem sehr guten Gefühl und was soll ich sagen: Mein Gefühl hat mich nicht getäuscht.

Nach einigen Tagen bekam ich ein Foto zugesandt. Es zeigte Max draußen im Garten, ohne Leine. Nein, die Hasen interessierten ihn wirklich nicht.

Nach einigen Wochen bekam ich von dem Ehepaar ein Video zugeschickt. Es war ein Video aus dem ersten gemeinsamen Urlaub mit Max. Herrchen und

Frauchen liefen am Strand entlang und Max folgte ihnen, ohne Leine.

Diese Geschichte hat ein Happy End gefunden – für Mensch und Hund. Viele Hunde aber haben nicht dieses Glück. Sie bleiben Tierheiminsassen, häufig weil ihr Verhalten fehlinterpretiert und die wahre Ursache für ihr vermeintliches Problemverhalten nicht erkannt wird.

Wunder geschehen

Es war ein trüber Novembertag, als ich einen Anruf von einer älteren Dame bekam. Sie stellte sich als Frau Brinkmann vor und bat mich um Hilfe. Sie hatte vor drei Wochen einen Hund aus dem Ausland bei sich aufgenommen und war überglücklich über den neuen Begleiter an ihrer Seite.

Allerdings stimmte mit Rudi etwas nicht. Sie berichtete mir, dass er nur sehr schlecht fraß, obwohl sie ihn mit allen möglichen Leckereien in Versuchung bringen wollte. Auch lag Rudi meist nur teilnahmslos in seinem Bettchen und sie fragte mich, ob ich ihr helfen konnte.

Nachdem was Frau Brinkmann mir geschildert hatte, gingen bei mir alle Alarmglocken los und ich fragte sie, ob sie Rudi bereits von einem Tierarzt hatte durchchecken lassen. Frau Brinkmann antwortete mir, dass sie bereits viel Geld, einige tausend Euro, bei ihrem Tierarzt gelassen hatte, um herauszufinden, ob Rudi krank sei. Doch alle kostspieligen Untersuchungen seien ohne Befund gewesen. Sie berichtete mir unter Tränen, dass sie nun keine Ersparnisse mehr habe, um weitere aufwendige Untersuchungen bezahlen zu können.

Ich sagte zu ihr, dass ich mich um Hilfe kümmern werde und versprach ihr, sie so schnell wie möglich zurückzurufen. Nach diesem Telefonat nahm ich Kontakt zu einer befreundeten Tierärztin auf und schilderte ihr die Geschichte von Rudi und Frau Brinkmann und sie sagte ihre Unterstützung zu. Umgehend rief ich Frau Brinkmann an und bat sie, in die Praxis dieser Tierärztin zu fahren, was sie auch tat.

Bei der anschließenden Untersuchung stellte sich heraus, dass Rudi alles andere als gesund und in einem schlechten körperlichen Zustand war, und er einige Krankheiten aus Rumänien mitgebracht hatte. Dies war umso überraschender, da in Rudis Papieren nichts davon zu finden war. Alle dort als durchgeführt angeführten Laborergebnisse waren negativ. Die Tierärztin nahm Rudi Blut für eine Laboruntersuchung ab und in wenigen Tagen sollten wir das Ergebnis bekommen. Der Anruf daraufhin war erschreckend, Rudi war krank, schwer krank und eine Heilung war ausgeschlossen.

Nach dieser niederschmetternden Nachricht nahm Frau Brinkmann Kontakt zu dem vermittelnden Verein auf und schilderte das Ergebnis dieser Untersuchung. Am Telefon war die Vorsitzende und auch nach den Schilderungen von Frau Brinkmann beharrte diese darauf, dass Rudi zum Zeitpunkt der Vermittlung gesund gewesen sei und dass das, was Frau Brinkmann erzählte, nicht stimmen kann. Frau Brinkmann berichtete der Vorsitzenden, dass sie Rentnerin sei und nur über eine kleine Rente verfüge und dass Rudis tierärztliche Behandlungen all ihre Ersparnisse gekostet habe und sie nun vor dem Nichts stehe. Sie fragte die Vorsitzende, ob sie sich nicht wenigstens ein wenig an den horrenden Kosten beteiligen wollten. Die Antwort war ein deutliches Nein, Rudi sei gesund gewesen und damit war für die Vorsitzende des Tierschutzvereins der Fall erledigt. Sie legte auf und war anschließend nicht mehr erreichbar. Ich muss zugeben, nachdem Frau Brinkmann mir dies berichtet hat, spürte ich, wie mein Blutdruck stieg.

Schnell aber rief ich mir meine Elli in Erinnerung und fragte mich, was sie tun würde. Die Antwort war ganz einfach. Verschwende keine Energien, um Dinge ändern zu wollen, die du nicht ändern kannst.

Nach einigen Tagen bekam ich abermals einen Anruf von Frau Brinkmann. Mit stockender Stimme erzählte sie mir, dass Rudi eingeschläfert werden musste, um ihm weiteres Leid zu ersparen. Dass dies so kommen würde, war mir bewusst und trotzdem traf auch mich diese Nachricht, obwohl ich bis zu diesem Zeitpunkt weder Rudi noch Frau Brinkmann persönlich kennengelernt hatte. Ich versuchte, Frau Brinkmann so gut wie möglich zu trösten und ihr wieder ein klein wenig Mut zu machen, aber das war so gut wie unmöglich.

Frau Brinkmann lebte allein und Rudi sollte ihr letzter Begleiter sein. Aus diesem Grund hatte sie sich bewusst für einen älteren Hund entschieden mit dem Wunsch, dass sie eines Tages zusammen von dieser Welt gehen können. Dieser Wunsch wurde Frau Brinkmann leider nicht erfüllt und sie blieb wieder allein zurück. Gerne hätte ich Frau Brinkmann geholfen, doch zu diesem Zeitpunkt wusste ich nicht, wie ich das hätte tun können.

Es vergingen einige Wochen, als mich Frau Brinkmann erneut anrief. Sie berichtete mir von ihrer Einsamkeit und dass sie in den umliegenden Tierheimen auf der Suche nach einem neuen Begleiter war. In allen Tierheimen aber bekam sie eine Absage von den dort verantwortlichen Tierheimleitungen. Die Begründung können Sie sich denken: Frau Brinkmann war zu alt! Eine Tierheimleiterin hat ihre Ablehnung Frau Brinkmann gegenüber sogar damit begründet, dass Frau Brinkmann bald sterben könnte und dann hätten sie den Hund wieder am Hals.

Frau Brinkmann fragte, ob ich ihr helfen könne, ob ich einen Hund kenne, der zu ihr passen würde. Es werde doch bald Weihnachten und dieses Fest möchte sie nicht allein verbringen.

Es tat mir in der Seele weh, diese Frage verneinen zu müssen. Alle Hunde, die ich kannte und die zur Vermittlung standen, kamen aufgrund ihres Verhaltens für Frau Brinkmann nicht in Frage. Aber ich versprach ihr, mich umzuhören.

Als ich eines Tages an meinem Schreibtisch saß, um meine Büroarbeiten zu erledigen, kam mir eine Idee. Ich startete über Social Media einen Hilferuf für Frau

Brinkmann. Ich bat meine Abonnent:innen um Unterstützung, damit für Frau Brinkmann Weihnachten doch noch das Fest der Freude werden könnte.

Auf diesen Post folgten viele aufmunternde Kommentare und ich war zuversichtlich. Leider fand sich in den Kommentaren aber kein Vermittlungsangebot und meine Hoffnung schwand, bis Mitte Dezember. Plötzlich tauchte der Kommentar eines jungen Mannes auf, der schrieb, dass er helfen könne. Sofort nahm ich mit ihm Kontakt auf, und es hörte sich zu gut an, um wahr sein zu können.

Er berichtete mir, dass er eine kleine Hündin aus einem ungewollten Wurf vor einigen Jahren an eine ältere Frau vermittelt hatte. Die Frau war vor wenigen Wochen verstorben und er hatte die Hündin wieder bei sich aufgenommen. Er lebte bereits mit zwei Hunden in einer kleinen Wohnung, und für eine dritte Hündin war der Platz dauerhaft zu klein.

Das hörte sich doch gut an und sofort rief ich Frau Brinkmann an, um ihr von der Geschichte der kleinen Hündin zu berichten. Zunächst war Frau Brinkmann skeptisch. Sie hatte Zweifel, dass ein ihr vollkommen fremder Mensch wirklich helfen wollte. Ihr Misstrauen wuchs, als ich ihr berichtete, dass der junge Mann kein Geld für seine Hündin verlangte. Er wollte lediglich einen guten Platz für seine Hündin. An dieser Stelle muss ich zugeben, dass auch ich ein wenig misstrauisch war. Dass ein völlig fremder Mensch einfach nur helfen will, ohne Gegenleistung, ist in der heutigen Zeit wirklich nicht selbstverständlich. Ich blieb mit dem jungen Mann und Frau Brinkmann in Kontakt und meine Zweifel legten sich nach und nach. Der junge Mann meinte es wirklich ernst. Er wollte nur ein liebevolles Zuhause für seine Hündin und seinen Teil dazu beitragen, dass für Frau Brinkmann das Weihnachtsmärchen wahr würde.

Nach einigen weiteren Telefonaten konnte ich die Zweifel von Frau Brinkmann zerstreuen und sie ließ sich auf das Abenteuer ein, denn der junge Mann wohnte zu weit weg, um sich vorher persönlich kennenlernen zu können.

Nachdem die Entscheidung bei Frau Brinkmann für die Aufnahme der Hündin gefallen war, vereinbarten wir einen Übergabetermin. Mein Terminkalender war zu voll, als dass ich die Hündin hätte abholen können. Doch der junge Mann erklärte sich bereit, die weite Anreise auf sich zu nehmen.

Am Tag der Übergabe habe ich Frau Brinkmann das erste Mal persönlich kennengelernt. Ich habe sie abgeholt, um mit ihr zum Bahnhof zu fahren, damit sie die Hündin in Empfang nehmen konnte. Der junge Mann war in der Nacht bereits mit dem Zug losgefahren und musste noch am selben Tag zurück. Dementsprechend war sein Aufenthalt auch nur kurz. Als wir auf dem Bahnsteig auf die Ankunft des Zuges warteten, wuchs bei uns die Aufregung. Würde der junge Mann wirklich kommen? Als der Zug endlich einfuhr und sich die Türen öffneten, hielten wir Ausschau nach einem jungen Mann, den wir vorher noch nie gesehen hatten, mit einem Hund. Und da war er, Markus, und auf dem Arm hatte er die kleine Hündin. Leider blieb nicht viel Zeit, um all das ausdrücken zu können, was uns in diesem Moment bewegte. Der Zug hatte nur wenige Minuten Aufenthalt, bevor er seine Fahrt fortsetzte. Markus übergab die Hündin an Frau Brinkmann und er hatte Tränen in den Augen. Alles, um was er Frau Brinkmann bat war, dass, wenn etwas mit ihr sein sollte, sie die Hündin wieder an ihn zurückgeben sollte. Er wollte wirklich nur, dass es seiner Hündin gut geht. Und wir versprachen es ihm.

Beim Abschied hatte Markus sichtlich mit seinen Emotionen zu kämpfen und am Ende weinte er, aber es waren auch Tränen der Freude dabei.

Nachdem Markus wieder in den Zug gestiegen war, blieben wir noch eine Weile am Bahnhof stehen und fuhren erst zurück, nachdem der Zug außer Sichtweite war.

Die Hündin war eine kleine Yorkshire Terrier Dame und acht Jahre alt. Natürlich war sie ein wenig aufgeregt, doch man konnte deutlich erkennen, dass sie eine ruhige Hündin mit wenigen Ansprüchen war. Frau Brinkmann hat diese kleine liebenswerte Hündin sofort in ihr Herz geschlossen und mich fast vergessen. Das war das Zeichen, dass es Zeit für mich war, mich von Frau Brinkmann zu verabschieden.

Ende gut, alles gut – für Frau Brinkmann und Luna. Der Name für diese Hündin und ihre Mission konnte treffender nicht sein.

Von Frau Brinkmann bekomme ich seitdem jedes Jahr zu Weihnachten eine liebevoll gestaltete Weihnachtskarte mit neuen Bildern von Luna. Diese Weihnachtspost ist für mich jedes Mal etwas ganz Besonderes und ich hoffe, dass ich noch sehr viele Weihnachtskarten von Frau Brinkmann und Luna bekommen werde.

Diese Weihnachtspost erinnert mich jedes Mal daran, dass Wünsche wahr werden und Wunder geschehen können, wenn man seinen Verstand auch mal ausschaltet und auf seine innere Stimme hört. Es ist die Stimme, die niemals irrt.

Elli

Als wir im Internet auf Elli aufmerksam wurden, sollte
sie, nach Angaben des Vereins, ca. zwei Jahre alt sein.
Dieses Alter entsprach annähernd dem Alter unserer
bereits vorhandenen drei Hunde und es war mit ein
Entscheidungskriterium für die Aufnahme von Elli.

Wir wollten, dass alle Hunde in etwa in demselben Alter waren.

Als wir Elli das erste Mal sahen, war klar, dass die Altersangabe nicht stimmen konnte. Elli musste sogar um einiges älter sein. Nachdem Elli bei uns eingezogen war, ließen wir sie von unserer Tierärztin vorsorglich durchchecken und sie betätigte unsere Vermutung. Elli musste zu diesem Zeitpunkt mindestens sieben Jahre alt sein. Wir nahmen mit den Vereinsmitgliedern in Italien Kontakt auf und hofften, dort Näheres über Elli erfahren zu können.

Wir erfuhren, dass sich Elli bereits seit einigen Jahren in dem Canile befand und keinesfalls erst zwei Jahre alt sein konnte. Warum das Alter von Elli mit zwei Jahren bei der Vermittlung angegeben wurde, konnten sie sich nicht erklären. Dass Elli keine junge Hündin mehr war, war für uns nicht weiter schlimm. Dass wir aber vom Verein angelogen wurden, ärgerte uns doch. Diese Unehrlichkeit vieler Vereine ist mit eine

Ursache dafür, warum so viele Hunde wieder abgegeben werden.

Dass wir Elli aufgrund der falschen Altersangabe zurückgeben würden, war für uns keine Überlegung.
Wir hatten uns für sie entschieden, so wie sie war
und im Nachhinein betrachtet, hätte uns nichts Besseres passieren können.

Trotz ihres Alters und der alles andere als guten Haltung war Elli in einem erstaunlich guten Gesundheits-
zustand. Alles was ihr fehlte, war Muskelkraft, bedingt durch das Aufbewahren vieler Jahre in einem
viel zu kleinen Zwinger.

Viele Herdenschutzhunde zeichnet ihre Robustheit
aus und das galt auch für Elli. Gesundheitlich gab es
kaum Probleme und sie blieb fit, bis ins hohe Alter.

Elli hat mir sehr viel beigebracht und mich häufig in meiner Arbeit unterstützt. Doch irgendwann spürte ich, dass es Zeit war, sie aus diesem Job zu entlassen, denn auch bei Elli haben sich die Spuren der Zeit eingestellt, und ihre Veränderungen waren deutlich zu sehen.

Ellis Gang wurde mit der Zeit langsamer, ihre einstige Aufmerksamkeit verringerte sich immer mehr und auch ihre sonst so scharfen Sinne ließen allmählich nach. Auch die äußerlichen Veränderungen konnten wir irgendwann nicht mehr leugnen. Ellis Schnauze wurde grau und ihr Blick wirkte immer häufiger müde. Elli wollte nur noch ihre Ruhe und die sollte sie bekommen. Ich schickte meine beste Helferin in Rente.

Auch körperlich baute Elli ab. Ihre Muskeln verloren an Kraft und wir mussten unsere Gassirunde verkürzen. Mit zunehmendem Alter wurde Elli inkontinent. Diese Inkontinenz trifft viele Hunde und bringt so

manche Menschen an ihre Grenzen. Der teure Tep-
pichboden wird ruiniert und so manche Pfütze
sprengt den hochwertigen Holzboden. Viele Tier-
ärzt:innen berichten, dass so manche Hundehal-
ter:innen mit der Bitte zu ihnen kommen, das Tier
doch endlich zu erlösen. Hier stellt sich mir die Frage,
von was erlösen?

Elli hatte keine Probleme mit ihrer Inkontinenz und
wir auch nicht. Die Teppiche haben wir weggeräumt
und die Pfützen aufgewischt. Wenn es an manchen
Tagen ganz schlimm mit ihrer Inkontinenz war, haben
wir ihr eine Windel angezogen. Auch mit dieser hatte
Elli keine Probleme. Sie ließ sich ihr Höschen ohne
Murren an- und ausziehen. Mit der Zeit bekam Elli
Hautprobleme, deren Ursache nie abschließend geklärt werden konnte. Eine Vermutung auch unserer
Tierärztin war, dass der Juckreiz stressbedingt war,
und so unterstützten wir Elli in ihrem Ruhebedürfnis,
soweit wir konnten. Um ihre Haut zu schonen, zogen

wir Elli ein T-Shirt von mir an und siehe da, geschützt durch das T-Shirt verschwand auch Ellis Juckreiz.

Bei Elli konnte ich sehr gut beobachten, dass sie zwar nicht mehr die fitteste aber doch die weiseste Hündin in unserer Gemeinschaft war. Sie teilte sich ihre Energien für die, aus ihrer Sicht, wirklich wichtigen Dinge ein. Elli nahm nicht mehr jede Herausforderung an, sondern ging Konflikten mehr und mehr aus dem Weg. Sportliche Aktivitäten standen nun nicht mehr auf ihrem Tagesprogramm. Sie zog es vor zu ruhen, um so ihre geringer werdenden Ressourcen zu schonen.

Gassi war nichtsdestotrotz immer noch eine große Sache, auch wenn die Strecke kürzer wurde. Elli legte unterwegs Pausen ein, wenn ihre Kräfte schwanden, und ich habe es ihr gleichgetan. Wir setzten uns ins Gras und sammelten gemeinsam neue Energien.

Haben alte Hunde wirklich keine Freude mehr am Leben, leiden sie unter den schwindenden Kräften oder an ihrer Inkontinenz? Sicher nicht. Sie leben und das immer noch gerne, nur eben anders. Ruhiger, gelassener und entspannter.

Dass der Tag des Abschiednehmens nicht mehr allzu fern war, war uns bewusst und doch trifft es einen mit voller Wucht, wenn es so weit ist.

Was Elli betrifft, hat es mich völlig unerwartet getroffen. Es begann an einem Vormittag und alles war wie immer. Alle Hunde waren draußen, auch Elli. Sie lag in der Sonne und ich ahnte nicht, was in Kürze geschehen würde.

Ich hatte das Futter zubereitet und rief die Hunde rein. Alle rannten zu mir in die Küche und nahmen ihren Platz ein, auch Elli. Doch plötzlich spürte ich, dass etwas nicht stimmte. Ich drehte mich um und sah Elli auf ihrem Platz liegen, aber etwas war anders. Ich sagte ihren Namen und Elli hob ihren Kopf und kippte direkt um. Ich kniete mich sofort zu ihr runter und konnte feststellen, dass sie sich nicht mehr bewegte. Nach der ersten Schrecksekunde stürmte ich zum Telefon und rief unsere Tierärztin an und bat sie, sofort zu kommen. Ich sagte zu ihr: „Elli stirbt". Während ich auf das Eintreffen der Tierärztin wartete, lag Elli immer noch regungslos auf dem Patz, an dem sie umgekippt war. Ich spürte, wie ihre Atmung immer flacher wurde und sie das Leben mit jedem Atemzug verließ. Meine anderen Hunde waren während dieser Zeit ganz ruhig, blieben in einiger Entfernung sitzen und bewegten sich keinen Millimeter.

Nach schier endlosen Minuten des Wartens klingelte es an der Tür, es war die Tierärztin und ich bat sie sofort herein. Als ich die Zwischentür zur Küche öffnete, traute ich meinen Augen kaum. Elli stand im Gang.

Die Tierärztin gab Entwarnung. Sie sagte, dass Elli noch nicht bereit sei, zu gehen. Elli bekam eine Aufbauspritze, doch es war klar, dass nun die Zeit des Abschiednehmens begann. Elli verließen zusehends ihre Kräfte und sie hatte das Fressen eingestellt. Aus der Natur weiß man, dass Hunde bis zu drei Wochen ohne Futter auskommen können. Unsere Aufgabe war es nun Elli zu unterstützen, damit sie in Frieden von dieser Welt gehen kann. Wir wollten ihr ermöglichen, friedlich einschlafen zu können.

Auch wenn Elli körperlich nur noch sehr bedingt aktiv war, waren ihre Sinne wach. Sie beobachtete das Geschehen um sie herum immer noch sehr aufmerksam und wenn Fütterungszeit war, kam sie in die Küche. Ab und an nahm sie einen Happen zu sich, zog sich danach aber sofort wieder auf ihren Schlafplatz zurück. Unsere Hunde waren zu dieser Zeit anders als sonst. Sie legten sich zu Elli auf ihren Schlafplatz und es schien, als wollten sie Elli ein wenig von ihrer Kraft übertragen. Unsere Tierärztin kam jeden Tag vorbei, um nach Elli zu sehen denn wir wollten auf jeden Fall verhindern, dass diese Zeit des Abschiednehmens in ein Leiden übergeht. Während dieser Zeit haben wir unser Wohnzimmer in ein Schlafzimmer umgewandelt, um da zu sein, wenn Elli diese Welt verlassen muss.

Und dann war er da, der Tag den alle Hundehalter:innen am meisten fürchten, der Tag des Abschieds. Bereits am frühen Morgen spürten wir, dass wir Elli gehen lassen mussten, weil sie selber nicht loslassen konnte. Elli war immer noch der Herdenschutzhund, der seiner Aufgabe nachkam: wachen und schützen. Wir riefen unsere Tierärztin an und baten sie zu kommen. Beim Eintreten war auch unserer Tierärztin sofort bewusst, dass Elli bereit war zu gehen.

Unsere Tierärztin hat sich viel Zeit genommen, um auch uns vorzubereiten. Elli lag ruhig auf ihrem Platz und rührte sich auch nicht, als die Tierärztin ihr die

Beruhigungsspritze gesetzt hat. Die anderen Hunde hatten wir in einem anderen Zimmer untergebracht, damit Elli ihre letzte Reise in Ruhe und Würde antreten konnte. Elli schlief langsam ein und im Haus herrschte absolute Stille.

Als die Tierärztin angesetzt hatte, um Elli ihre letzte Spritze zu geben, bellten unsere Hund plötzlich wie verrückt los und wir konnten es kaum fassen. Haben es die Hunde wirklich durch mehrere Zimmer hindurch gespürt, dass Elli jetzt geht? Wenn ich mich daran erinnere, über welch faszinierende Fähigkeiten unsere Hunde verfügen und wie ausgeprägt ihre Sinne sind, bin ich davon überzeugt.

Wir unterschätzen unsere Hunde immer noch und haben, trotz aller Wissenschaft, sehr wenig Ahnung von dem, wer oder was unsere Hunde wirklich sind. Das laute Bellen unserer Hunde, während Elli sich auf ihre letzte Reise machte, hat mich in dieser Überzeugung noch einmal bestärkt.

Genau genommen wissen wir immer noch nichts über unsere besten Freunde.

Danke Elli

Zum Abschluss dieses Buches möchte ich mich bei Elli bedanken. Elli hat mich so vieles gelehrt, nicht nur über Hunde.

Elli war bereits bei ihrem Einzug bei uns eine weise Hündin. Sie hat mich in meiner Arbeit unterstützt und sie war die beste „Assistenzhündin" die ich mir vorstellen konnte. Vielleicht aber war auch ich ihre Assistentin.

So manchen ungehobelten Rüpel hat sie in die Schranken gewiesen und so manchen Menschen gelehrt, wie Hunde wirklich kommunizieren und wie wenig es in der „Hundeerziehung" doch braucht.

Elli hat mir meine Schwächen schonungslos aufgezeigt und mich aufgefordert, mich zu ändern. Sie hat mich gelehrt, dass Hunde sich nicht ändern müssen, dass Hunde perfekt sind, so wie sie sind. Von ihr habe ich gelernt, dass Hunde weniger Erziehung aber mehr Führung brauchen. Es ist eine Führung, die ihnen hilft, in unserer Welt bestehen zu können. Auch wenn bei Elli ab und zu die Gouvernante durchkam, habe ich auch ihr ihre Grenzen aufgezeigt und sie hat diese akzeptiert. Mehr brauchten wir nicht, um aneinander wachsen zu können.

Elli durfte, was vielen Menschen mittlerweile verwehrt wird. Elli durfte in Würde alt werden und jeden Tag so verbringen, wie sie es wollte. In aller Ruhe, ohne Hektik oder gar Zwang. Elli konnte alles und musste nichts.

In all den Jahren, die ich mit Elli verbringen durfte, habe ich mehr über Hunde gelernt als in meinem ganzen Leben zuvor. Elli hat mich gelehrt, wie wichtig es ist, wieder auf seine Instinkte zu achten und sich von diesen leiten zu lassen, als von einer Wissenschaft, die uns mit ihren ständig neuen Erkenntnissen, doch nur wieder in eine Sackgasse treibt.

Elli war immer authentisch und das hat ihr den Respekt in ihrem Umfeld eingebracht. Es waren weder Kommandos noch ein ständiges Üben in irgendwelche aufgezwungenen Körperhaltungen. Es war Ellis klare innere Haltung, die alle überzeugt hat, Menschen und Hunde. Elli musste nicht großartig aktiv werden, um auf sich aufmerksam zu machen, sie hatte etwas in sich, was man sofort gespürt hat.

Das habe ich von ihr gelernt und heute noch ist es eine der Übungen für mich, um mich selbst zu testen. Wenn meine Hunde im Garten sind, ich dazu komme und sie mich keines Blickes würdigen, weiß ich, dass mit mir etwas nicht stimmt. Gehe ich aber raus und alle Hundeaugen sind auf mich gerichtet, ist es das Zeichen für mich, dass ich meine Mitte und innere Haltung gefunden habe.

Elli hat mich gelehrt, dass Kommunikation in der Welt der Hunde nichts mit menschlichen Worten, Befehlen oder einem lauten Gebrülle zu tun hat. Hunde kommunizieren mit ihrem Ausdruck, ihrem Verhalten und vor allem mit einer inneren Haltung, die in der äußeren Haltung zu erkennen ist. Manchmal genügt auch nur ein Blick, und alle Hunde verstehen – nur der Mensch nicht. Ja, und manchmal bellen sie.

Elli hat kommuniziert so wie sie war: klar, eindeutig und wenn es sein musste auch kompromisslos.

Ich glaube nicht an Zufälle. Elli musste zu mir kommen, um mich auf meinen Weg zu bringen und mich aus dem Labyrinth der von Menschen verkomplizierten Hundewelt wieder zu befreien. Durch Elli habe ich wieder gelernt, wie wenig es doch braucht, um eine innere Zufriedenheit und Ruhe zu finden.

Von Elli habe ich gelernt, mit offenen Augen und einem offenen Geist zu beobachten und nicht zu verurteilen. Hunde urteilen nicht nach Äußerlichkeiten. Es interessiert sie nicht, ob der Mensch eine Markenjeans trägt oder gerade mit dem neuesten Handymodell telefoniert. Und wenn wir ehrlich sind, sind das die unwichtigsten Dinge im Leben. Wichtig ist, dass wir uns selbst treu bleiben, unseren Weg gehen und niemals unsere Authentizität verlieren. Dies verschafft uns unsere innere Haltung, die uns helfen kann, so manche Hindernisse aus dem Weg räumen zu können, die uns andere in den Weg gelegt haben.

Danke Elli für alles, was du mir gegeben hast. Auch wenn dein Körper nicht mehr sichtbar ist und du eine große Lücke hinterlassen hast, bist du doch immer hier. Tief in meinem und unserem Herzen und deine Lehren werden mich immer begleiten.

R.I.P Elli

Bedanken möchte ich mich auch bei meiner Familie und allen Menschen in meinem Leben, die mich auf meinem Weg begleitet und unterstützt haben, der Mensch werden zu können, der ich heute bin.

Ohne all diese wunderbaren Menschen an meiner Seite wäre es mir kaum möglich gewesen, mich aus der Welt der Irrungen und Wirrungen all der Expert:innen lösen zu können und meinen Weg zu finden. Es ist der Weg, auf den Elli mich gestellt hat. Gehen muss ich ihn nun alleine. Elli du fehlst!

Bedanken möchte ich mich auch bei allen lieben Menschen, die mich bei diesem Buch unterstützt haben. Bei meiner Familie, die mir die Zeit und auch die Ruhe gegeben hat, um an diesem Buch arbeiten zu können.

Danke an alle Menschen, die immer wieder Korrektur gelesen und so manchen Fehler gefunden haben.

Ein besonderer Dank geht an Tanja, die mit ihrem geschulten Auge das Lektorat übernommen hat.

Sollten sich dennoch Fehler eingeschlichen haben, bitte ich dies zu entschuldigen.

Nichts und niemand ist perfekt und das ist auch gut so. Sind es nicht unsere Schwächen, die uns, aber auch unsere Hunde, so liebenswert machen?

Beenden möchte ich dieses Buch mit einem Zitat von Roger Willemsen:

„Wir waren jene, die wussten, aber nicht verstanden, voller Informationen, aber ohne Erkenntnis, randvoll mit Wissen, aber mager an Erfahrung. So gingen wir, von selbst nicht aufgehalten".

Erst wenn der Mensch

sich ändert!

Man kann andere nicht ändern, nur sich selbst

238 Seiten

ISBN 978-3-347-00686-7

Tredition

Zeitfracht Medien GmbH
Ferdinand-Jühlke-Straße 7
99095 Erfurt, Deutschland
produktsicherheit@kolibri360.de